Carlos Benede
mit Heike Gronemeier

# Kommissar mit Herz

Meine Jungs, mein Leben, unser Weg

Besuchen Sie uns im Internet:
www.droemer-knaur.de

© 2015 Knaur Verlag
Ein Unternehmen der Droemerschen Verlagsanstalt
Th. Knaur Nachf. GmbH & Co. KG, München
Alle Rechte vorbehalten. Das Werk darf – auch teilweise – nur mit
Genehmigung des Verlags wiedergegeben werden.
Lektorat: Ilka Heinemann
Umschlaggestaltung: ZERO Werbeagentur, München
Umschlagabbildung: FinePic®, München (Helmut Henkensiefken)
Satz: Adobe InDesign im Verlag
Druck und Bindung: CPI books GmbH, Leck
ISBN 978-3-426-65554-2

5 4 3 2 1

Aus rechtlichen Gründen wurden einige
Namen und Personen, in einzelnen Fällen
auch Vorgänge verfremdet.

*Gewidmet den Dillinger Franziskanerinnen, meiner »Patentante« Evi Stölzle und ihrem Mann Dr. Bernd Stölzle – ohne sie wäre mein Leben anders verlaufen, ohne das, was sie mir mit auf den Weg gegeben haben, wäre ich heute nicht der, der ich bin. Ich bin unendlich dankbar, dass sie mich über die Jahre begleitet und unterstützt haben und es auch heute noch tun. Sei es im Gebet oder anderweitig.*

# Inhalt

Prolog .................................... 11

Alex ...................................... 21
  Blackout ................................ 30
  Der Prozess.............................. 40

Der Anruf ................................. 45
  Wie die Jungfrau zum Kind ................ 54
  Vater sein ............................... 58

Heimat .................................... 63
  Kindertage .............................. 76
  Auf der Höhe der Zeit .................... 85
  Alles mit links .......................... 89

Umwege .................................... 97
  Erzieher in Uniform ..................... 107
  K 314 ................................... 115

Freunde .................................. 131
  In guten wie in schlechten Zeiten ....... 135
  Kick it ................................. 141

Der Kleine .................................... 147
   Eine Frage der Ehre .......................... 156
   Rituale ..................................... 160

Johannesburg ................................. 163
   Grüße an Mutter ............................ 174

Weitblick ..................................... 179
   Nicht umsonst .............................. 183
   Begleiten, nicht erziehen .................... 190
   Würden Sie ihn einladen? ................... 196
   Im Leben kommt alles wieder ................ 200

New York ..................................... 205
   Seelenverwandte ........................... 213
   Per aspera ad astra ........................ 222

Epilog ........................................ 227

Danksagung .................................. 231

# Prolog

*Ich weiß nicht, wer das alles auf Dauer abschütteln kann, ohne dass etwas davon zurückbleibt. Ich konnte es nicht.*

Carlos Benede

Der Moment, in dem ich nicht mehr ans Telefon gehen konnte, war der Moment, in dem ich wusste, es ist genug. Das Schrillen des Apparats ging mir durch und durch, erst nach einer gefühlten Ewigkeit konnte ich den Hörer abnehmen. Weil ich wusste, dass auch dieser Anruf mit einem Schicksal verbunden sein würde. Mit einem Kind, das schwer misshandelt worden war, oft genug von den eigenen Eltern. Mit einem Kind, das mit ansehen musste, wie der Vater die Mutter regelmäßig bis zur Bewusstlosigkeit geprügelt hat. Mit einem Kind, das sexuell missbraucht worden war. Mit einem Kind, das Zeuge grausamer Vorgänge geworden war.

Auf der Dienststelle klingelte das Telefon permanent. Wenn ich Bereitschaft hatte, erreichten mich die Anrufe auch zu Hause, manchmal mitten in der Nacht. Doch selbst wenn ich nicht im Dienst war, schalteten sich die Kollegen von der Kripo oder anderen Kommissariaten zu mir auf, wenn sie einen Fall zu bearbeiten hatten, bei dem es um Kinder und Jugendliche ging.

Das Zuhause ist ein geschützter Raum. Eigentlich. Aber selbst der bekommt irgendwann Risse. Weil man die Bilder nicht mehr aus dem Kopf bekommt, nicht mehr schlafen kann, weil sie wie in einer Endlosschleife wiederkehren. Weil man die Schicksale nicht mehr zwischen zwei Aktendeckeln verstauen und in der Dienststelle lassen kann.

Dieser Moment kam nicht von jetzt auf gleich. Es war ein stetiger Prozess, ein langsames Überquellen, wie bei einem Mülleimer, der zu lange nicht geleert wurde. Nach dreizehn Jahren ging ich ins Büro meines Vorgesetzten und beantragte meine Versetzung.

Ich war ein Mann der ersten Stunde gewesen, als im September 1997 das Kommissariat K 314 ins Leben gerufen wurde. Es war das erste in Deutschland, das sich gezielt mit Opferschutz und »verhaltensorientierter Prävention« befasste. Bis dahin waren Opfer in erster Linie als wichtige Zeugen betrachtet worden. Sie waren sogenannte Spurenträger, wie es in trockenem Behördendeutsch heißt, deren Aussage man brauchte, um eine Tat zu rekonstruieren, den oder die Täter zu überführen und vor Gericht zu bringen. Wie sie mit dem, was sie gesehen oder erlebt hatten, umgingen, spielte – zumindest, was das offizielle Arbeitsprofil der Polizei anging – kaum eine Rolle. Für Verbrechensopfer waren gemeinnützige Vereine, wie der 1976 gegründete Weiße Ring, oder regionale Organisationen wie Dunkelziffer e.V. zuständig. Sie vermittelten Kontakte zu Therapeuten oder Beratungsstellen, boten Unterstützung bei Gerichtsterminen und leisteten persönlichen Beistand.

Im Nachhinein ist es erstaunlich, dass die Gründung eines solchen Kommissariats wie des K 314 so lange hatte auf sich warten lassen. Denn gerade der Polizei kommt eine besondere Verantwortung im Umgang mit Opfern zu. Die Beamten sind in der Regel die erste Instanz, die zu Hilfe gerufen wird, wenn etwas passiert ist. Wenn ein

Mensch einer akuten Bedrohungssituation ausgesetzt ist, wenn eine schwere Körperverletzung angezeigt wird, der Verdacht einer Misshandlung vorliegt. Und die Polizei ist im Ernstfall als Erstes vor Ort. Nach einem Verbrechen erlebt sie das Leid der Opfer unmittelbar.

Die Beamten des Kommissariats K 314 sollten einen völlig neuen Ansatz verfolgen. Im Präventionsbereich sollte die Polizei eine wichtige Anlaufstelle bieten: für Schulen und Eltern, die Probleme mit gewaltbereiten oder suchtgefährdeten Jugendlichen hatten. Es sollten Kurse angeboten werden, in denen Kinder und Jugendliche in den Bereichen Zivilcourage, Selbstsicherheit oder Antiaggressionstraining geschult werden sollten. Für Frauen und Kinder, die aufgrund von häuslicher Gewalt Beratung und Unterstützung benötigten. Die Polizei konnte entweder selbst entsprechende Schutzmaßnahmen einleiten oder in Zusammenarbeit zum Beispiel mit Frauenhäusern eine weitgehend sichere Unterbringung ermöglichen. Es ging um eine langfristige Begleitung der Opfer, nicht um zielgerichtete Ermittlungsarbeit.

Damit wir diese Begleitung leisten konnten, mussten die Betroffenen uns als Ansprechpartner akzeptieren und sich öffnen. Schweigen nutzt immer nur dem Täter. Eine der wenigen Vorgaben des K 314 war es, eine »stärkere Orientierung auf die Situation der Opfer und ihre Bedürfnisse anzustreben«. Es sollte um Verständnis gehen, um Sensibilität und »die Einleitung von vertrauensbildenden Maßnahmen«.

Wie bildet man Vertrauen? Ein Psychologe würde vielleicht sagen, natürlich gibt es gewisse Strategien, bestimmte Herangehensweisen beim Aufbau eines Gesprächs und generell im Umgang mit einem traumatisierten Opfer. Trotzdem: Jeder Fall ist anders, jeder Mensch reagiert anders. Vertrauen entsteht nicht von heute auf morgen, man kann es nicht bilden, es muss wachsen. Das ist wie in einer Beziehung. Es dauert, bis man sich öffnet, seinem Gegenüber etwas von sich und seinem Leben erzählt, in der Hoffnung, der andere geht mit diesem Wissen verantwortungsvoll um. Mit anderen Worten: Man braucht Zeit und Geduld.

Jeder Ermittler hatte schon Fälle auf dem Tisch, die er nur nach mühsamer Detailarbeit und manchmal erst nach Monaten, wenn überhaupt, lösen konnte. Hier ging es aber um etwas völlig Neues. Nämlich auch um Fälle, bei denen es keinen Zweifel an der Person oder Schuld des Täters gab. Wozu also dieser ganze Aufwand?

Als wir anfingen, wussten wir nicht, ob wir diese Zeit haben würden. Und auch nicht, was genau auf uns zukommen würde. Wir waren allesamt gestandene Kriminaler, zum Teil seit Jahren dabei. Aber hier war nicht länger der Ermittler gefragt, der verhörte, aufklärte und sich auf Spurensuche begab. In diese Arbeiten waren wir nicht involviert; wir wurden von den jeweils zuständigen Kollegen in Kenntnis gesetzt, was vorgefallen war. Unsere Aufgabe glich eher der von Psychologen und Sozialarbeitern. Wir sollten Seelsorger sein im Wortsinn.

In den Ohren mancher Kollegen klang »Prävention und Opferschutz« nach weichgespültem Gelaber, nach Kuschelkurs, ein Kommissariat für Weicheier. Um die Opfer sollten sich andere kümmern, und Vorträge an Schulen oder Kindergärten zu halten, das erinnerte an die netten Schupos, die gelbe Mützen an Abc-Schützen verteilten oder bunte Wimpel und Aufkleber für die erfolgreich bestandene Fahrradprüfung. Jedenfalls kein Job für einen echten »Bullen«.

Ich mag dieses Wort nicht. Und ich konnte den Spott über das neue Kommissariat nicht nachvollziehen. Für mich und die sieben Kollegen, die damals in diesem neuen Bereich anfingen, wurde mit dem K 314 eine Lücke geschlossen. Polizeiarbeit hat in vielen Bereichen eine soziale Komponente, einige davon wurden hier gebündelt. Wir hatten viel Gestaltungsspielraum, konnten Brücken bauen auch zu anderen Organisationen wie Frauenhäusern und Jugendämtern. Für sie waren wir eine wichtige Schnittstelle. Für die Ermittler, die bis dahin mit all dem Elend, mit dem sie Tag für Tag konfrontiert waren, allein fertig werden mussten, waren wir eine Entlastung. Weil sie die Fälle an uns weitergeben konnten, die Arbeit nicht mehr nur auf ihren Schultern lastete. Die Spötteleien hörten schnell auf. Und es dauerte auch nicht lange, bis das Kommissariat auf fünfzehn Beamte aufgestockt wurde.

Man erlebt bei der Kripo Dinge, denen andere Menschen nicht so ungefiltert und geballt ausgesetzt sind. Und immer, wenn man denkt, man hat schon alles gesehen, kommt irgendetwas, das noch heftiger ist. Es gibt selten etwas Positives. Die Polizei wird schließlich nur geholt oder gerufen, wenn etwas passiert ist. Bei manchen Fällen, die wir auf den Tisch bekamen, taten sich Abgründe auf. Körperliche und seelische Gewalt, Missbrauch, Mord. Mein Zuständigkeitsbereich waren Kinder und Jugendliche. Die schwächsten Glieder in der Kette, nicht nur bei häuslicher Gewalt. Die, bei denen man erst recht nicht wegschauen darf, die man nicht alleine lassen sollte mit dem, was sie erlebt haben. Ich bin zu Einsätzen gerufen worden, bei denen wir acht Kinder auf einmal in Obhut nehmen mussten. Wir fuhren in Krankenhäuser, in denen Opfer brutaler Gewalt lagen. Die Fotos in den Akten waren schlimm genug, aber sie hatten nicht diese Unmittelbarkeit des direkten Anblicks, die einen noch einmal mehr fertigmacht. Ich habe erlebt, wie Kollegen, die gerade Eltern geworden waren, plötzlich in Tränen ausbrachen, während sie einen Ermittlungsbericht lasen: schwere Misshandlung eines Säuglings durch Fausthiebe, Tritte und Handkantenschläge. Trotz künstlichen Komas starb das Kind an den Folgen.

Es vergeht kein Tag, an dem nicht wenigstens ein drastischer Fall von Gewalt gegen Schutzbefohlene gemeldet wird. So etwas lässt einen nicht kalt. Wenn jemand behauptet, die Sache sei für ihn erledigt, sobald er aus dem Dienst raus ist, dann ist das gelogen. Zumindest, wenn er oder sie schon seit Jahren dabei ist.

Um ein Opfer zu verstehen, muss man in der Lage sein, eine Verbindung herzustellen. Das geht nicht ohne Empathie und die Bereitschaft, sich zumindest innerhalb eines gewissen Rahmens auf den anderen einzulassen. Es ist wie ein vorsichtiges Anschleichen, bei dem man immer wieder innehalten muss. Und manchmal begibt man sich damit auf einen verdammt schmalen Grat. Man muss wissen, wo die eigenen Grenzen liegen, rechtzeitig erkennen, wann man sie zu überschreiten droht.

Wir hatten in München das Glück, dass es von Anfang

an Supervisionssitzungen gab, bei denen wir uns einmal im Monat »auskotzen« konnten. Aber auch das muss man lernen. Genau wie das Verarbeiten. Keiner von uns hatte das in seiner Ausbildung gelernt. Mir mag das vielleicht etwas leichter gefallen sein als manchem anderen. Polizist ist mein zweiter Beruf, im ersten war ich Pädagoge. Trotzdem: So professionell kann man gar nicht sein, dass man den einen oder anderen Fall nicht doch mit nach Hause nimmt.

Wenn ein Kind vor einem sitzt, das über Monate und Jahre mitbekommen hat, wie ein Elternteil den anderen gequält und schließlich vielleicht sogar getötet hat, gibt es keine To-do-Listen, die man abarbeiten könnte. Das Leid der Opfer hält sich nicht an Leitfäden und schon gar nicht an Dienstzeiten. Einen solchen Fall zu übernehmen heißt, dass man für die Betroffenen Tag und Nacht erreichbar sein muss. Dass man offen und ehrlich ist, unvoreingenommen. Gerade Kinder und Jugendliche merken schnell, ob man es ernst meint, mit dem Herzen dabei ist. Dafür braucht man eine innere Stabilität, eine Ruhe, die ich irgendwann nicht mehr hatte. Man sitzt da, hört einen Moment zu, schweift gedanklich ab, kann nicht konzentriert dabeibleiben und das irgendwann auch nicht mehr verbergen. Das war nicht der Anspruch, den ich an mich hatte, der meinem Verständnis von dieser Aufgabe entsprach. Ich habe gemerkt, dass ich den Opfern so auf Dauer nicht mehr gerecht werden würde.

Ich bin einer, der auf sich hört. Wenn ich merke, dass mir etwas nicht guttut, trete ich auf die Bremse. Normalerweise brauche ich dafür keinen Anschubser von außen, sondern weiß, wann ich mich abgrenzen muss.

Diese Klarheit hatte ich nicht immer, sie ist mühsam erarbeitet. Auch weil ich in meinem Leben Entscheidungen getroffen habe, oft eher aus dem Bauch heraus als mit Hirn und Verstand, die mich an manchen Tagen durchaus an meine Grenzen gebracht haben.

Ich habe immer versucht, Arbeit und Privatleben strikt voneinander zu trennen. Als ich jedoch selbst zu Hause immer wieder scheinbar grundlos nervös und gereizt war und im Job manchmal Mühe hatte, mich zu beherrschen, wenn wieder einmal eine Frau bei uns im Büro saß, die von ihrem Kerl grün und blau geschlagen worden war, weil sie »einen anderen angeschaut hatte«, war das Maß voll. Ich musste raus. Das war ich nicht nur mir selbst schuldig …

# Alex

*Man vergisst nicht, man vergibt nicht. Es ist immer da. Aber man lernt, damit zu leben. Früher hab ich alles in mich hineingefressen. Aus Angst. Vor Zurückweisung, Ablehnung, Verlust, vor allem Möglichen. Heute kann ich darüber reden. Man gewinnt dabei keine neuen Erkenntnisse, bekommt keine Antwort auf die Frage nach dem Warum, lernt aber vielleicht mit der Zeit, diese Frage seltener zu stellen. Und auch die nach der eigenen Schuld. Das war die schlimmste – die, die mich am meisten gequält hat.*

Alex Benede

Als ich Alex zum ersten Mal begegnete, war er ein schmächtiger Knirps von elf Jahren. Ich war bereits seit einigen Stunden im Dienst, der Vormittag war ruhig verlaufen, keine besonderen Vorkommnisse. Bis die Leiterin unseres Kommissariats zur Tür hereinkam und mir und meiner Kollegin mitteilte, dass in der Nacht vom ersten auf den zweiten Mai ein Mord geschehen war, bei dem ein Kind »übrig geblieben« sei. Wir sollten uns darum kümmern.

Wenig später wurde mir eine Mappe mit dem Bericht des KDD, des Kriminaldauerdienstes, hereingereicht. Die »Ausrücker«, wie wir sie nennen, sind die Ersten an einem Tatort, diejenigen, die als Erste Verletzte oder Tote sehen, mit geschockten Angehörigen sprechen und erste Ermittlungen einleiten, bevor sie die Fälle an die zuständigen Fachkommissariate weitergeben. In diesem Fall war nicht nur die Mordkommission zuständig, sondern auch das K 314 – wegen des Kindes.

Im Bericht las ich, dass in der Nacht des 1. Mai 2000 gegen 23.30 Uhr der Notruf einer Frau bei der Polizeiinspektion 32 eingegangen war. Ihr Ehemann habe gedroht, sie »abzustechen«. Die Anruferin war keine Unbekannte; schon seit einiger Zeit war sie in polizeilicher Beratung, mehrfach hatte es kritische Situationen gegeben, gewalttätige Übergriffe. Eine halbe Stunde später postierten sich zwei Zivilstreifen vor der Wohnanlage. Die Beamten hatten vergeblich versucht, die Vierzigjährige von einer präventiven Unterbringung im Frauenhaus zu überzeugen. Sie hatte abgelehnt, aber am nächsten Tag, wenn ihr Sohn ins Schullandheim führe, würde sie sich eine neue Bleibe suchen, versprochen. Auch das Angebot der Polizisten, gemeinsam mit ihr in der Wohnung zu warten, hatte sie nicht annehmen wollen. Es würde reichen, wenn sie draußen präsent seien, für alle Fälle. Bisher sei ja immer alles gutgegangen.

Der Täter gelangte von der Zivilstreife unbemerkt über die Tiefgarage ins Haus. Wie er sich Zugang zur Wohnung verschaffte, ob er einen Schlüssel besaß oder die Frau ihn hereingelassen hatte, blieb unklar.

Als gegen ein Uhr das Licht in der Küche anging, laute Stimmen zu hören waren, stürmten die Beamten durch das Treppenhaus nach oben. Niemand öffnete. Die Polizisten traten erst die Wohnungs- und schließlich auch noch die von innen abgeschlossene Küchentür ein. Vor dem Kühlschrank auf dem Boden lag Gordana S. in einer Blutlache. Der Täter ließ sich nach kurzem Gerangel festnehmen, verweigerte aber jede Aussage zum Tathergang.

Die Obduktion ergab später, dass der 49-Jährige seine Frau bis zur Bewusstlosigkeit gewürgt und ihr dabei schwere Verletzungen im Kehlkopfbereich zugefügt hatte, die vermutlich bereits tödlich gewesen waren. Danach habe er ihr ein Küchenmesser bis zum Heft in die Brust gestoßen.

Im Bericht des KDD war außerdem zu lesen, dass sich in der Wohnung ein Junge aufgehalten habe, der vom

Lärm aufgeschreckt im Schlafanzug aus dem Kinderzimmer gekommen sei. Nach einer Erstbetreuung durch Sanitäter und die Beamten des KDD habe man noch in der Nacht eine Unterbringung bei entfernten Verwandten veranlasst.

Was mochte der Junge in jener Nacht wirklich mitbekommen haben? Was hatte dazu geführt, dass die Situation so eskaliert war? Was gab es für eine Vorgeschichte? Und wieso hatte der Mann durch die Tiefgarage ins Haus gelangen können?

Diese Gedanken gingen mir durch den Kopf, als ich mir die Uniform überzog. Normalerweise trugen wir Zivil, aber nie, wenn es um Kinder ging. Die Uniform war Teil der »vertrauensbildenden Maßnahmen«: Wir sollten dem Bild des »guten Schutzmanns« entsprechen, in der Hoffnung, so leichter Zugang zu den Opfern finden zu können.

Das funktionierte manchmal ganz gut; in anderen Fällen konnte die Uniform aber auch eine Barriere darstellen. Weil vor allem Erwachsene sie mit einer Funktion verbinden, die nicht automatisch positiv besetzt ist, und dieses Bild an ihre Kinder weitergeben. Da reichen manchmal ganz banale Situationen, die dann als Assoziation im Kopf eines Kindes verankert bleiben. Ich habe selbst einmal erlebt, wie ein Kind am Münchner Karlsplatz brüllte wie am Spieß, weil die Mutter es nicht zum Brunnen lassen wollte. Als sie mich und einen Kollegen in Uniform entdeckte, sagte sie: »Guck mal da drüben. Wenn du nicht sofort aufhörst zu schreien, kommen die beiden und stecken dich ins Gefängnis!«

Nicht »die Polizei, dein Freund und Helfer«, sondern

»die Polizei, der Buhmann« war hier wie oft das Bild, das uns entgegenschlug.

Alex wiederum hat mir erst Jahre später einmal gesagt, dass die Uniform auf ihn noch einmal eine ganz andere Wirkung hatte. Er sei geschockt und völlig verunsichert gewesen. Für ihn waren Menschen in Uniform diejenigen, die ihre Verantwortung nicht wahrgenommen hatten. Diejenigen, die den Mord nicht verhindert hatten, die versagt hatten, seine Mutter nicht hatten schützen können. Und keinesfalls Menschen, denen man trauen, denen gegenüber man sich öffnen konnte. Ein tiefes Zutrauen zu mir sei erst entstanden, als ich die Uniform längst nicht mehr trug, wenn wir uns trafen. Erst dann hätte ich langsam, aber stetig Barrieren einreißen und Brücken zu ihm bauen können.

Im Nachhinein und in Kenntnis der ganzen Geschichte ist mir klar, was unser Anblick in ihm ausgelöst haben musste, noch dazu am Tag nach dem Mord.

Gemeinsam mit meinem Kollegen Sascha fuhr ich zu der Familie, die Alex in der vergangenen Nacht aufgenommen hatte. Verwandte mütterlicherseits, die völlig unter Schock standen. Nach einer Weile wurde der Junge ins Wohnzimmer gebracht. Ein offenes Gesicht, schüchtern lächelnd, höflich und gleichzeitig auf seltsame Weise kühl und abgeklärt, als sei nichts gewesen. Sein Verhalten war nicht ungewöhnlich, wir erlebten immer wieder, dass die Erstreaktion auf eine solche Tat Verleugnung war. Was nicht sein darf, das kann nicht sein. Wie lange diese Phase dauert, bis schließlich das entsetzliche Geschehen im Bewusstsein ankommt, bis ein Prozess der

Auseinandersetzung und langsamen Verarbeitung beginnt, ist unterschiedlich. Bei schwer traumatisierten Kindern ist die letzte Überlebensstrategie manchmal auch die Dissoziation. Also das völlige Abschalten von Gefühlen, um nicht mehr spüren zu müssen, was nicht auszuhalten ist. Das betrifft alle emotionalen Ebenen. Weder Angst noch Schrecken werden mehr zugelassen, aber auch Zuwendung und Trost nicht.

Mein Auftrag war klar umrissen. Ich sollte mich um diesen Jungen kümmern, ihn begleiten auf dem Weg, der auch juristisch vor ihm lag. Gleichzeitig sollte ich mich vorsichtig an das herantasten, was er wusste. Was er in jener Nacht gesehen hatte, was es im Vorfeld für eine Entwicklung innerhalb der Familie gegeben hatte, die diese Tat erklären könnte. Über die Schuld des Täters bestanden keine Zweifel, die Faktenlage war klar. Doch später, vor Gericht, würde es entscheidend für das Strafmaß sein, ob er im Affekt oder geplant und zielgerichtet gehandelt hatte. Um das beurteilen zu können, waren die Aussagen des Jungen enorm wichtig.

Für den Umgang mit Opfern gibt es kein Schema F, jeder Mensch reagiert anders auf eine ausgestreckte Hand. Bei Kindern und Jugendlichen funktioniert eine Annäherung häufig über Ablenkung.

Einer unserer ersten großen Betreuungsfälle war ein Missbrauchsskandal: Sechzehn Jugendliche im Alter zwischen zehn und vierzehn waren über Jahre hinweg von zwei Männern sexuell missbraucht worden. Den Tätern wurden 377 beziehungsweise 146 Übergriffe zur Last gelegt – begangen zwischen 1992 und 1999. Ein Wahnsinn.

Die Kinder waren in einem Maße verstört, dass es kaum auszuhalten war. Über Jahre hatten sie geschwiegen. Man wusste, dass etwas gewesen war, aber keiner hat etwas gesagt. Kurz nach dem Prozess, der den Tätern lange Haftstrafen einbrachte, veröffentlichte der Bayerische Jugendring eine Statistik, nach der jedes vierte Mädchen und jeder zehnte Junge in Deutschland Opfer sexueller Gewalt sei. Die Zahlen sind seitdem nicht besser geworden, die Dunkelziffer ist hoch.

Wir sind damals mit den Kindern für ein paar Tage zum Skilaufen nach Oberstaufen gefahren. Mit Polizeiwagen und allem Drum und Dran, damit sie die Scheu vor uns verlieren. Uns in einer anderen Umgebung erleben, mit uns Spaß haben und wenigstens für einige Zeit abgelenkt waren. Es hat geklappt. Über den Sport und die gemeinsamen Stunden konnten wir Schritt für Schritt freilegen, was passiert war, und dann weitere Hilfsmaßnahmen einleiten.

Die Dienststelle hat solche eher ungewöhnlichen und manchmal auch »teuren« Maßnahmen immer mitgetragen. Es ging um das Wohl der Opfer, in diesem Fall der Kinder, und nur um sie. Darum, Wünsche zu erfüllen, sie aufzuheitern, etwas mit ihnen zu unternehmen, das sie noch nie gemacht hatten.

Bei Alex war es der Wunsch, einmal im Streifenwagen und mit Blaulicht durch München zu fahren. Zum Eisessen. Und den haben wir ihm gleich am ersten Tag des Kennenlernens kurzerhand erfüllt.

*Wir brausten durch Schwabing, es war schon irgendwie cool. Die Leute sind alle stehen geblieben und haben sich den Hals verrenkt, was da wohl passiert sein könnte. Aber ich war ja nicht doof. Natürlich habe ich gewusst, dass das nicht normal ist, dass andere Kinder so etwas nicht dürfen. Dass wir diese Fahrt nur unternehmen, weil mir etwas Schlimmes passiert ist. Etwas, dessen Tragweite ich an diesem Tag überhaupt nicht erfassen konnte. Ich war wie wattiert im Kopf und konnte kaum einen klaren Gedanken fassen. Warum ich ausgerechnet auf diese Idee kam, weiß ich heute nicht mehr. Vielleicht wollte ich die beiden auch testen, ganz nach dem Motto: Das bringen die jetzt bestimmt nicht.*

Man kann wegen weniger als einer solchen Blaulichtfahrt zur Eisdiele eine Dienstaufsichtsbeschwerde kassieren. Sascha und mir war das egal. Dass er überhaupt etwas gesagt hatte, dass wir gleich an diesem Tag etwas gemeinsam unternahmen, war ein Anfang. Von da an würde ich ihn regelmäßig besuchen, mit ihm essen gehen, ins Kino – was auch immer. Ich würde abwarten, bis etwas kommt, nicht nachbohren, ihn nicht bedrängen. Es ging schließlich nicht um eine Vernehmung. Aber ich wollte da sein, wenn er so weit war.

# Blackout

An einem Tag einige Monate nach unserer ersten Begegnung fuhr ich mit Alex in die Justizvollzugsanstalt München in der Stadelheimer Straße. Ein riesiger Komplex, erbaut um die Jahrhundertwende und seitdem immer wieder erweitert. In den fünf Gebäuden werden größtenteils männliche Straftäter ab 16 Jahren inhaftiert.

Alex' Vater wurde später in die JVA Straubing verlegt. Im Regelvollzug gibt es über 800 Plätze; hier sitzen vor allem Wiederholungstäter und Kapitalverbrecher ein, die eine Freiheitsstrafe zwischen sechs Jahren und lebenslang zu verbüßen haben, teils mit anschließender Sicherungsverwahrung. In der U-Haft-Abteilung warten Häftlinge, die langen Strafen entgegensehen, auf den Beginn ihrer Gerichtsprozesse.

Den Wunsch, ins Gefängnis zu fahren, hatte Alex schon kurz nach der Tat geäußert. Im ersten Moment hatte ich wirklich geschluckt. Ich war unschlüssig, ob er auf eine Begegnung vorbereitet war, ich ihn überhaupt darauf vorbereiten konnte. Die Eindrücke sind selbst für einen »normalen« Besucher heftig. Und normal war an dieser Situation überhaupt nichts. Ein Junge, inzwischen zwölf Jahre alt, der dem Mörder seiner Mutter gegenübertreten wollte. Seinem Vater.

Ich beriet mich mit der Anwältin, die Alex nicht nur

im Prozess als Nebenklägerin vertreten würde, sondern die sich auch um seine Ansprüche nach dem Opferentschädigungsgesetz kümmerte. Da Alex nicht lockerließ und die Begegnung mit seinem Vater im Gefängnis für den Jungen ein wichtiger Teil der Aufarbeitung zu sein schien, brachten die Anwältin und ich die entsprechenden Anträge auf den Weg. Dass sie bewilligt wurden, war keine Selbstverständlichkeit. Der Schutz des Kindes, auch vor möglichen weiteren schweren psychischen Belastungen, hatte Vorrang. Ich musste zusichern, das Treffen umgehend abzubrechen, wenn ich merkte, dass Alex an seine Grenzen kam.

Den Ausschlag für den Zeitpunkt unseres Besuches gab schließlich eine Formsache. Alex wollte sich taufen lassen; seiner Mutter war es sehr wichtig gewesen, ihn christlich zu erziehen, ihm Werte und einen Glauben mit auf den Weg zu geben. Sein Vater war durch und durch Atheist. Religiöses Geschwätz, sie solle das lassen, der Junge würde verweichlichen. Konsequent hatte er seine Zustimmung zum formellen Eintritt des Kindes in die Kirche verweigert.

Ich weiß nicht, ob die Taufe Alex selbst ein tiefes Anliegen war oder ob er damit seiner Mutter etwas zurückgeben wollte. Ein Zeichen setzen, sich noch einmal auf eine ganz eigene Art vom Vater abgrenzen. Im Nachhinein denke ich, es hatte auch etwas mit dem Wunsch zu tun, irgendwo dazuzugehören.

Alex' Verwandte hatten inzwischen die vorläufige Pflegschaft beantragt, aber das Sorgerecht lag zu diesem Zeitpunkt nach wie vor bei seinem Vater. Was die Taufe anging, würde es darum gehen, ob er seinem Sohn Steine in den Weg legen würde. Was den Rest anging, so konnte ich während der Begegnung der beiden nur versuchen, da zu sein und Alex ein Gefühl der Sicherheit zu vermitteln.

Die Fahrt zur JVA Stadelheim kam mir quälend lange vor. Alex war äußerlich ruhig, wirkte beinahe unbeteiligt.

Mit der Gefängnisleitung hatte ich vereinbart, dass das Treffen nicht im allgemeinen Besucherraum, sondern in einem separaten Zimmer stattfinden sollte. Ein karger quadratischer Raum mit einem Tisch und vier Stühlen, kaum größer als eine Zelle. Allein der Weg dorthin war bedrückend. Nachdem wir den Raum betreten hatten, postierten sich zwei Vollzugsbeamte neben der Tür. Wir setzten uns und warteten.

Alex wurde immer nervöser, weil es so lange dauerte. Immer wieder rutschte er vom Stuhl und ging zu der Tür, die hinaus zum Gefangenentrakt führte. Er stellte sich auf einen Querriegel und versuchte, durch das kleine Sichtfenster einen Blick nach draußen zu werfen. Rechts. Links. Rechts. Links. Immer wieder.

*Ich hatte mir ziemlich viel vorgenommen für dieses Treffen: Ich werde ihn bespucken, ich werde ihn angreifen, ich werde ihn schlagen, ihn erdrosseln. Was mir nicht alles durch den Kopf gegangen ist in den Tagen und Stunden vor unserer Begegnung. Als er plötzlich vor dem Sichtfenster auftauchte, habe ich mich total erschrocken und bin richtig zurückgeprallt. Ein Beamter öffnete die Tür und ließ ihn herein. Das Erste, was dieser Mann tat, war, mich zu umarmen. Und ich konnte mich noch nicht einmal dagegen wehren. Einer der Vollzugsbeamten ging dann dazwischen.*

*Innerlich bin ich in diesem Moment regelrecht zusammengesackt, in eine Art Starre verfallen. Diese ganze Wut, die Verzweiflung, die Enttäuschung, die sich in mir aufgestaut hatten ... mit einem Moment war da nur noch eine große Leere, die einem den Boden unter den Füßen wegzieht.*

Ich habe Alex' leiblichen Vater damals zum ersten Mal gesehen. Gut 1,90 groß, ein Riesenbrocken mit Pratzen, dass ich gedacht habe, wenn der irgendwo hinlangt, braucht man nichts mehr. Der Mann hatte ein ordentliches Vorstrafenregister. Schon 1986 war er wegen 33 Einbrüchen zu fünf Jahren Haft verurteilt worden. Nach seiner Entlassung beging er diverse Vermögensdelikte, weshalb ein Asylantrag abgelehnt worden war. Seiner drohenden Abschiebung war er durch eine freiwillige Rückkehr ins ehemalige Jugoslawien zuvorgekommen.

Um Silvester 1999/2000 war er ohne Genehmigung und mit gefälschten Papieren wieder nach Deutschland eingereist. Für seine Frau, die in Deutschland geblieben und die meiste Zeit der Ehe auf sich allein gestellt gewesen war, muss ein Alptraum begonnen haben. Für seinen Sohn eine Zeit des Hin-und-her-gerissen-Seins. Zwischen der Freude über die Rückkehr des Vaters und der Ahnung, dass das, was er zu Hause erlebte, weit von dem heilen Familienleben entfernt war, das er sich erträumt hatte.

Diese Ahnung war in den Wochen und Monaten vor der Tat schließlich der bitteren Gewissheit gewichen, dass ein Streit jederzeit eskalieren und in körperlicher Gewalt enden konnte. Von einem Wortgefecht zwischen den Eltern aufgeschreckt, war Alex einmal in die Küche gestürmt und seinem Vater an die Gurgel gesprungen, nachdem dieser seiner Mutter heftig ins Gesicht geschlagen hatte. Hinterher hatte er am ganzen Körper gezittert. Der Mann, den er seit der illegalen Rückkehr nach Deutschland in der Öffentlichkeit »Ivan« nennen sollte, hatte nur lapidar gesagt: »Du hast verdammtes Glück gehabt, dass ich dich aus dem Reflex heraus nicht verletzt habe.«

*Das war ein krasser Moment damals, eine Situation, die ich überhaupt nicht erfassen konnte und in der ich nicht eine Sekunde über die möglichen Folgen für mich und vor allem für meine Mutter nachgedacht habe. Ich wollte sie einfach nur verteidigen, sie schützen.*

*Sie hat hinterher versucht, alles zu überspielen, das sei gar nicht so schlimm gewesen, wie es vielleicht ausgesehen habe. Ein ungeschickter Rempler, nicht mehr. Trotzdem habe ich gemerkt, dass sie seit diesem Zwischenfall versuchte, mich und sich so gut es ging von ihm fernzuhalten. Das klappte mal besser, mal schlechter. Er wohnte ja zwischendurch immer wieder bei uns, dann war er von einem Tag auf den anderen verschwunden, keiner wusste, wo er war oder was er trieb. Wenn er bei uns war, habe ich ihn meistens nur kurz gesehen. Er kam nach Hause, wenn ich morgens in die Schule ging; danach war ich oft noch beim Fußballtraining, und abends, wenn ich ins Bett musste, war er schon wieder auf Tour. Meine Mutter war ihm und seinen Launen viel stärker ausgesetzt. Ich habe mich für sie verantwortlich gefühlt. Es gab ja sonst niemanden. Erst im Nachhinein habe ich erfahren, dass sie um Hilfe ersucht hat. Anonym, erst beim Frauennotruf, später dann bei einer Beratungsstelle der Polizei. In der Wohnung von engen Freunden, mit denen sie über die angespannte Situation gesprochen hatte, erlitt sie einmal einen so schweren Nervenzusammenbruch, dass der Notarzt kommen musste. Auch davon habe ich damals nichts gewusst. Ein solcher Kontrollverlust ist sehr untypisch für meine Mama, die ich immer als eine sehr starke, stabile Frau erlebt habe. Eine Löwenmutter, die für mich Berge versetzt hätte und so auf mich fixiert war, dass ihr vielleicht für sich selbst die Kräfte gefehlt haben.*

*In den Tagen, bevor der Mord passiert ist, war ich nicht da. Die Jugendmannschaften von 1860 München und somit auch ich waren über das Wochenende zu einem Turnier nach Berlin eingeladen. Ich hatte schon vor der Abreise ein schlechtes Gefühl und war froh, dass meine Mutter mich am Sonntag wie versprochen vom Bus abholte. Erst im Auto fiel mir auf, dass sie total ängstlich wirkte, fahrig und irgendwie durch den Wind. Ich wollte wissen, was los ist, ob es wegen Papa war, ob er sie bedroht hatte. Aber sie wich immer wieder aus, es sei alles in Ordnung, sie sei nur ein wenig müde. Kurz bevor wir nach Hause kamen, sagte sie völlig unvermittelt zu mir: »Du wolltest doch immer wissen, warum ich dir jeden Morgen im Aufzug durch die Haare struffle, obwohl ich genau weiß, dass dich das nervt ... Also gut, ich erzähl's dir. Aber nicht lachen! Ich male dir mit dem Daumen ein kleines Kreuz auf den Kopf, damit du geschützt durch den Tag gehst.«*

*Ich frage mich heute noch manchmal, warum sie mir das ausgerechnet an jenem Abend gesagt hat. Ob sie etwas geahnt hat, ob sie wusste, dass sie mich in dieser Form nicht mehr lange würde schützen können?*

*Als wir in die Wohnung hochkamen, war alles dunkel. Er war nicht da. Meine Mutter schmierte mir zwei Brote, ich erzählte ein bisschen von Berlin, aber irgendwann war ich so durch, dass ich kaum noch die Augen offen halten konnte und ins Bett gegangen bin.*

*Was danach passierte, kann ich nach wie vor nicht richtig greifen, viele Bilder sind vage, Bruchstücke, die ich nur schwer zusammenfügen kann. Ich erinnere mich daran, dass ich Stimmen gehört habe, kurz aufgewacht, dann aber wieder eingeschlafen bin.*

*War ich so kaputt, dass ich nicht anders konnte, oder habe ich nichts hören wollen? Ich weiß es nicht. All diese Fragen – warum bist du nicht aufgewacht? Warum hast du nicht versucht, das zu verhindern? – quälen mich manchmal heute noch.*

*Ich weiß nicht mehr, wann genau ich aus dem Bett gekrabbelt bin. Ich stand im Schlafanzug auf dem Flur, die Wohnungstür war offen, im Treppenhaus war Polizei zu sehen. Ich lief den Gang entlang Richtung Küche, aus der ich Stimmen hörte. Der Türrahmen war abgesplittert, die Tür selbst halb offen. Ich sah meine Mutter auf dem Boden liegen, neben ihr kniete ein Sanitäter, der immer wieder sagte: »Bleib hier, bleib hier, bleib hier.«*

*Das Nächste, an das ich mich erinnere, ist, dass mich einige Beamte abschirmten und zurück in mein Zimmer brachten.*

*Ich saß auf dem Bett und wartete. Irgendwann hörte der Sani auf zu reden. Einige Zeit später kam er herein und sagte nur: »Deine Mama ist tot.«*

Als wir damals in Stadelheim in der JVA waren, wusste ich wenig von alldem, wenig, was über die Informationen aus dem Bericht des KDD hinausgegangen wäre. Über vieles, über das Alex heute reden kann, haben wir erst nach Jahren sprechen können. Bruchstückweise, in Nächten, in denen er schweißgebadet zu mir ins Schlafzimmer kam. An Tagen, an denen die Bilder wieder hochkamen, oft durch eine Nichtigkeit, durch eine Bemerkung oder eine Situation, bei der ich den konkreten Zusammenhang erst hinterher erkennen konnte. Die Schuldgefühle, mit denen er sich quälte, waren für mich manchmal nur schwer auszuhalten. Wie fängt man jemanden, der so etwas erlebt hat, auf?

Alex hatte eine sehr enge Bindung zu seiner Mutter, die ihn jahrelang alleine durchgebracht hatte und alles für ihn getan hat, trotz Job und der vielen Probleme im Privaten. Sie muss eine bemerkenswerte Frau gewesen sein, mit einer bemerkenswerten Lebenseinstellung. Sonst hätte sie das alles nicht stemmen können.

*Dass ich sie nicht schützen konnte, kam mir damals immer wieder hoch; wahrscheinlich ist das ganz normal, dass man sich Vorwürfe macht, aber damit umzugehen ist schwer.*

*Ich hätte alles für sie getan, hätte mich auch vors Messer geworfen, um sie zu schützen. Es ist nicht dazu gekommen ... Es wäre sicher auch nicht in ihrem Interesse gewesen, dass ich mich vors Messer geworfen hätte. In gewisser Weise hat sie sich vielleicht für mich geopfert, es für mich getan; es mag völlig abwegig klingen, aber möglicherweise hat sie geglaubt, wenn dieser Alptraum zu Ende wäre, würde mehr Ruhe in mein Leben einkehren. Ich würde sie so vieles so gerne noch fragen.*

*In der Mordnacht sagte schließlich einer der Uniformierten zu mir, ich solle mich jetzt anziehen. Ich wusste nicht, was, also schlüpfte ich in meinen Trainingsanzug, der noch über dem Stuhl hing. Anschließend wurde ich auf die Polizeistation gebracht. Es muss gegen zwei Uhr nachts gewesen sein. Ich kann mich nicht erinnern, was ich gesagt habe, ob ich überhaupt etwas gesagt habe. Vielleicht habe ich eine Adresse genannt, vielleicht war die aber auch schon hinterlegt, als Kontakt für Notfälle. Jedenfalls wurde ich nach einiger Zeit zu einem Verwandten, einem Cousin meiner Mutter, gebracht. Und da stand ich dann.*

Nachdem die Vollzugsbeamten Alex weggezogen hatten, saßen sich Täter und Opfer, Vater und Sohn gegenüber. Schweigend. Ich stellte mich kurz vor, erzählte, dass ich vom Kommissariat für Opferschutz sei und mich seit der Tat intensiv um Alex kümmern würde. Der Vater brummte nur, vor einem Bullen habe er keine Angst. Wozu es das alles überhaupt brauche, eine solche Betreuung. Der Alex, der werde seinen Weg schon machen, der sei stark.

Ich schob ihm die Unterlagen wegen der Taufe über den Tisch. Die Leitung hatte ihn darüber informiert, dass wir seine Unterschrift brauchten. Er könne dem Quatsch nichts abgewinnen, habe er noch nie können. Aber wenn es dem Jungen wichtig sei, wolle er ihm keine Steine in den Weg legen. Er würde sowieso alles für ihn tun, sei immer ein guter Vater gewesen.

Es war irgendwie zynisch.

Nach einer Weile richtete sich Alex kerzengerade in seinem Stuhl auf und sagte einen Satz, der mir durch und durch ging: »Du hast mir das Liebste genommen, was ich je besessen habe. Warum?«

Der Mann stierte auf den Tisch, an seiner Miene war nicht abzulesen, was in ihm vorging. Dann hob er den Kopf und sah Alex an.

»Ein Blackout. Ich hatte einen Blackout.«

Das war alles, was er dazu zu sagen hatte.

# Der Prozess

Die nächste Begegnung zwischen Alex und seinem leiblichen Vater fand im Münchner Justizpalast statt. Knapp elf Monate nach der Tat hatte das Schwurgericht München I über das Strafmaß zu urteilen. An der Schuld des Täters bestand kein Zweifel, auch wenn er während des Prozesses sagte, er sei schuldig, aber »nicht im Sinne der Anklage«. Die lautete auf Mord, möglicherweise mit einer besonderen Schwere der Schuld. Die Verteidigung plädierte auf Totschlag im Affekt.

Alex, den ich in den vergangenen Monaten regelmäßig, zum Teil mehrmals die Woche, besucht, ihn vom Fußballtraining abgeholt und mit ihm etwas unternommen hatte, wollte keine Sekunde des Prozesses verpassen. Er müsse da durch, sagte er immer wieder. Das Jugendamt und der zuständige Richter waren skeptisch, ob er das durchhalten würde. Das Ablegen einer Zeugenaussage, eine kurze Befragung, die in diesem Fall nur vom Richter vorgenommen werden sollte und auch nicht zwingend im Gerichtssaal hätte stattfinden müssen, war eine Sache. Eine Teilnahme ohne Unterbrechung, für die gesamte Dauer des Prozesses, war eine ganz andere Belastung.

Zur Vorbereitung sollte sich Alex daher einmal pro Woche mit einer Psychologin treffen, einer Spezialistin für Trauer- und Traumatherapie. Auch das Jugendamt hatte diese Form der Begleitung zur Auflage für eine Teilnahme an der Prozessphase gemacht.

Zu den Terminen ging er anfangs eher unwillig, reine Zeitverschwendung, er wollte lieber zum Kicken. Verdrängung und Ablenkung, aber auch die Suche nach einer Struktur, nach einem Halt, den der Fußball ihm nicht nur in dieser Zeit tatsächlich gab. Im Nachhinein waren die Stunden bei der Psychologin das Beste, was ihm passieren konnte.

Vor Prozessbeginn führte ich ein langes Gespräch mit dem vorsitzenden Richter. Ich musste zusichern, dem Jungen jeden Tag beizustehen, ihm im Gerichtssaal nicht von der Seite zu weichen. Der Richter machte unmissverständlich klar, dass er sofort abbrechen würde, wenn er bei Alex auch nur die leisesten Anzeichen einer Überbelastung bemerken würde.

Das Schwurgericht verhandelte zehn Tage, Alex versäumte keine Sekunde davon.

*Er saß mir die ganze Zeit direkt gegenüber, aber ich bin einfach etwas tiefer in den Sitz hineingerutscht, habe mich hingelümmelt. Hätte ich aufrecht gesessen, hätte ich ihm in die Augen sehen müssen. Kurz bevor ich zum Zeugenstuhl ging, hörte ich, wie mein Vater zu seinem Verteidiger sagte, er würde merken, wie verunsichert ich sei – keine Ahnung, warum er das gesagt hat, vielleicht ging es ihm besser damit.*

*Der Richter war ziemlich cool. Einer mit viel Feingefühl, der mich gut behandelt hat. Bevor ich angefangen habe, sagte er zu mir: »Konzentrier dich ganz auf mich.«*

*Ich habe ausgesagt, so gut ich konnte. Mir war es wichtig, dass die Leute mich hören, dass ich meine Sicht der Dinge sagen konnte. Deshalb hatte ich mich auch für eine Befragung im Gerichtssaal entschieden. Es gab zu diesem Zeitpunkt ja nur noch mich, der für Mama sprechen konnte.*

Da es kein Indizienprozess war, bestand die Aufgabe der Staatsanwaltschaft darin, dem Täter Vorsatz nachzuweisen. Die Anklage ging davon aus, dass es sich keinesfalls um eine Kurzschlusshandlung, sondern um eine Art Strafaktion gehandelt hatte. Alex' Mutter hatte mehrfach mit Scheidung gedroht, weshalb der Vater die minimale Chance auf eine offizielle Aufenthaltsgenehmigung gefährdet gesehen habe. Sein erster Asylantrag war Mitte der neunziger Jahre abgelehnt worden.

Einige Zeugen sagten aus, er habe seine Frau mehrfach geschlagen, sie auch missbraucht und gedroht, sie umzubringen. Ein Freund habe sinngemäß zu ihm gesagt: »Scheiß drauf, mach es einfach, nach zwölf Jahren bist du wieder draußen.« Alex selbst erzählte, seine Mutter habe dem Vater einmal ein Messer in die Hand gedrückt mit der Aufforderung: »Tu es doch endlich.«

Am Ende folgte das Gericht dem Antrag der Staatsanwaltschaft. »Es war die Tat eines Mannes, der alle Wertmaßstäbe verloren hat«, so der Richter in seiner Urteilsbegründung. Die Ehefrau des Angeklagten habe es gewagt, sich seinem Willen zu widersetzen, und mit Scheidung gedroht. Ein Racheakt, eine klare Strafaktion, womit für die Kammer das Mordmerkmal der »niederen Beweggründe« erfüllt war. Das Gericht berücksichtigte eine mögliche Affektsituation und sah von einer besonderen Schwere der Schuld ab. Das Urteil lautete »lebenslänglich«, mit der Möglichkeit einer vorzeitigen Entlassung nach 15 Jahren. Alex wäre dann 27 Jahre alt.

Einen Satz, den der Junge während seiner Befragung sagte, habe ich heute noch in den Ohren: »Ich empfinde keinen Hass, nur Enttäuschung.« Da ist, auch wenn es seltsam klingt, emotional noch einmal eine Tür in mir aufgegangen. Was für ein bemerkenswerter junger Mensch!

# Der Anruf

*Ich habe ihn so liebgewonnen, wie er ist,
es spielt keine Rolle, ob er Polizist, Arzt oder
Kfz-Mechaniker ist. Ich schätze ihn aufgrund
der Tatsache, dass er etwas getan hat, was nicht
jeder Mensch auf der Welt so selbstverständlich
tun würde.*

Alex Benede

Alex war seit der Tatnacht bei seinen Verwandten untergebracht, einer Familie mit zwei Kindern im Alter von fünfzehn und achtzehn Jahren, die sich sofort bereit erklärt hatte, für ihn die Pflegschaft zu übernehmen. Sein »Onkel«, wie er ihn nannte, war unglaublich herzlich, alle bemühten sich, den Jungen nach Kräften zu integrieren. Aber er muss schon nach einigen Monaten das Gefühl gehabt haben, er sei einer zu viel, er stelle die Familie vor eine Zerreißprobe. Weil er zu viele Energien band, die den eigenen Kindern zustehen sollten. Weil er merkte, wie er sie überforderte mit dem, was er erlebt hatte. Er zog sich zurück, ließ schulisch nach, reagierte manchmal aggressiv.

Nach einem Training, von dem ich ihn abholen wollte, nahm mich der pädagogische Leiter des TSV 1860 München zur Seite. Alex trainierte damals am Leistungszentrum des Vereins, der pädagogische Leiter war sowohl für diese Jugendlichen als auch für die, die im Sportinternat wohnten, zuständig. Die Trainer hätten ihn angesprochen, irgendetwas stimme nicht mit Alex. Der Junge sei so aufgeladen, von einer so unguten Energie, dass es auch sportlich mit ihm schwierig geworden sei.

Ich hatte davon nichts mitbekommen, wir sahen uns nicht mehr so regelmäßig, mein offizieller Auftrag war ja mit der Gerichtsbegleitung bis zur Urteilsverkündung beendet. Danach hatte ich den Kontakt nicht so abrupt abreißen lassen wollen, auch weil mir der Junge ans Herz gewachsen war. Einen wirklichen Überblick, wie es bei ihm lief, hatte ich zu dieser Zeit jedoch nicht. Ich fiel aus allen Wolken. Ich hatte wirklich gedacht, er sei gut aufgehoben, wenn wir uns sahen, verhielt er sich unauffällig. Irritiert hakte ich nach, fühlte später auch beim Jugendamt nach. Es stellte sich heraus, dass es innerhalb der Familie Schwierigkeiten gab; die Frau litt an schweren Depressionen, es bestand akute Suizidgefahr.

Das Jugendamt hat immer einen Kontrollauftrag, wenn es eine Pflegschaft bewilligt. Regelmäßig wird ein sogenannter Hilfeplan erstellt, finden Gespräche mit den Pflegeeltern statt. Allen Beteiligten war bewusst, dass es für Alex ein Wahnsinn gewesen wäre, im schlimmsten Fall noch einmal mit Tod konfrontiert zu sein, noch einmal ein solches Horrorszenario zu erleben. Er musste dort raus.

1860 München bot spontan an, ihn im Sportinternat des Vereins aufzunehmen. Doch eine Dauerlösung war das nicht, die Unterbringung in einer neuen Familie schien geeigneter. Das Jugendamt machte sich auf die Suche.

Etwa drei Wochen später erhielt ich einen Anruf vom Jugendamt. Das war nichts Ungewöhnliches, schließlich saß ich an einer wichtigen Schnittstelle, hatte regelmäßig Kontakt zu den verschiedenen Behörden. Alex' Betreuer bat mich, zu einem Treffen ins Amt zu kommen, an dem auch der Junge und der pädagogische Leiter des Sportinternats teilnehmen würden.

Ich konnte mir keinen rechten Reim auf diese Einladung machen, entweder hatte er etwas angestellt, oder aber es gab eine neue Entwicklung in Sachen Pflegefamilie.

Der Herr vom Amt war einer vom alten Schlag: Wollte man nach dem äußeren Eindruck urteilen, wirkte er wie ein »Alternativer« der ersten Stunde – mit Birkenstocks, ausgebeulter Cordhose, Strickpulli und ergrautem Vollbart. Aber das war einer, der sich noch immer voller Leidenschaft für »seine« Kinder engagierte. Obwohl er kurz vor der Pensionierung stand und schon mal fünfe hätte gerade sein lassen können.

Ich nahm Platz und wartete auf eine dienstliche Erklärung, warum wir hier zu viert in diesem Büro saßen. Doch die kam nicht. Stattdessen schickte er Alex und den 1860er plötzlich hinaus. Ich hatte keine Ahnung, was das alles sollte. Etwas umständlich fragte er mich, ob ich einen Tee wolle. Er habe da ganz seltene Sorten, Kräutermischungen aus Fernost, die er nur zu besonderen Gelegenheiten aufbrühe. Ich bin kein Teetrinker, aber wenn es denn helfen würde, dass er endlich zum Punkt kam …

Der Punkt, den er dann machte, traf mich völlig unvorbereitet. Ob ich mir vorstellen könne, eine Pflegschaft zu übernehmen, einem Kind ein Zuhause zu geben? Die Situation von Alex sei leider nach wie vor ungeklärt, die Unterbringung im Sportinternat keine von Dauer, da die umfassende pädagogische Betreuung fehle, die Alex mit seiner Vorgeschichte brauche. Einen Versuch mit einer neuen Pflegefamilie habe der Junge ganz klar abgelehnt, ein Heim wiederum komme aus Sicht des Jugendamtes nicht wirklich in Frage.

Beinahe wäre mir rausgerutscht, ob er jetzt total spinne. Stattdessen sagte ich: »Wie bitte kommen Sie auf diese Idee? Wie stellen Sie sich das vor?«

»Das war nicht meine Idee. Der Junge hat Sie vorgeschlagen. Er meinte, er würde sich so einen wünschen, einen, der so wäre wie der Polizist, der ihn betreut hat. Und da dachte ich, einen Versuch ist es wert.«

Wenn ich rot werden könnte, wäre ich in diesem Moment knallrot geworden. Mir war heiß, kalt, alles ging durcheinander. Während ich äußerlich wie versteinert dahockte, rasten meine Gedanken. Ich war voll berufstätig, hatte einen anstrengenden Job. Ich war Single, und das genoss ich auch. Ich war einer, der nach der Arbeit gerne mit Kollegen auf ein Bier ging, einer, der es schätzte, außer seinem Hund niemandem gegenüber verpflichtet zu sein. Gut, ich hatte Platz, eine Wohnung, in der man ein »Kinderzimmer« einrichten konnte. Das war aber auch schon alles.

Der alte Fuchs musterte mich, schien genau zu wissen, was in mir vorging. Nach einer Weile sagte er: »Sie müssen sich nicht sofort entschieden. Denken Sie in Ruhe darüber nach, schlafen Sie eine Nacht darüber.«

Ich bin ein Bauchmensch. Und ich wusste, dass Alex vor der Tür saß und dass er wusste, worum es hier in diesem Büro ging. Ich hätte ihm nicht unter die Augen treten können ohne eine Antwort. Ohne die richtige Antwort. Das war der Moment, in dem ich einfach »Ja« gesagt habe.

Der Betreuer war überrascht und offenbar gleich so erleichtert, dass er mir noch einen ganz besonderen Tee aus seiner Sammlung anbieten wollte. Ich murmelte nur, dass mir der Sinn nach etwas anderem stünde. Ob er vielleicht einen Schnaps …? Bedaure, nein, so etwas habe er leider nicht im Büro.

Als ich die Tür hinter mir zuzog, stand Alex auf und sah mich an. Dann umarmte er mich einfach. Der Internatsleiter haute mir auf die Schulter.

Wie ferngesteuert lief ich anschließend zur Dienststelle zurück. Meine Kollegin Renate, für uns alle so etwas wie die »Kommissariatsmama«, wollte wissen, was mit mir los war.

»Ich glaube, ich habe gerade einen Riesenscheiß gemacht. Ich habe zu etwas ja gesagt, ohne zu wissen, was es mit allen Konsequenzen bedeutet.«

Es war ganz komisch. Es war nicht so, dass ich meine spontane Entscheidung bereut hätte, das habe ich wirklich nicht. Wenn ich bei etwas ein gutes Gefühl habe, dann mache ich das. Und wenn ich mich auf etwas einlasse, tue ich das mit allem, was ich habe. Es war eher die Furcht vor der eigenen Courage, die Unsicherheit, ob ich dem Jungen gerecht werden könnte.

An Arbeit war an diesem Nachmittag nicht mehr zu denken. Ich fuhr nach Hause, schnappte mir meinen Hund Taps und lief mit ihm eine Ewigkeit über die Felder. Nachts, im Bett, habe ich kaum ein Auge zubekommen. Eine Nacht darüber schlafen sagt sich leichter, als es zu tun. Stundenlang lag ich wach und zermarterte mir das Hirn mit Fragen wie: Warum ich? Was sieht der Junge in mir? Solche Grübeleien nehmen sonst selten einen so großen Raum ein. Dazu bin ich zu sehr Pragmatiker. Wenn ich vor einer Aufgabe stehe, versuche ich, sie zu lösen. Es gibt für alles eine Lösung. Wenn es Schwierigkeiten gibt, hadere ich normalerweise nicht damit, sondern nehme die Herausforderung an. Ich bin keiner, der sich schon im Vorfeld Gedanken darüber macht, was wäre wenn, und dann vor lauter Bedenken zurückzieht. Aber das hier war eine andere Nummer.

Irgendwann knipste ich das Licht wieder an, zog mir etwas über und lief durch meine Wohnung. Das Arbeitszimmer musste ausgeräumt werden, schöner Mist, alles viel zu voll. Wohin mit dem Kram? Neue Möbel mussten her, ein Bett, ein Schreibtisch. Aktionismus statt Gedankenkarussell.

Am nächsten Tag nahm ich mir frei und telefonierte als Erstes mit dem Jugendamt. Für den Nachmittag vereinbarten wir einen weiteren Termin, bei dem auch Alex' Betreuerin vom Vormundschaftsgericht da sein würde. Gemeinsam besprachen wir, wie es weitergehen sollte. Ein Wechsel von heute auf morgen wäre zu heftig, darin waren wir uns einig. Ein langsamer Übergang mit einer längeren Testphase. Unser Plan war, dass Alex das nächste Vierteljahr über die Wochenenden bei mir in Dachau verbringen sollte, um sich einzugewöhnen. Unter der Woche sollte er weiter im Internat bei 1860 wohnen. Nach Ablauf der Vierteljahresfrist würden wir weitersehen.

Alex war genau zwei Wochenenden hier, dann war die Sache klar. Ich kann das nicht erklären, es war irgendwie Liebe auf den zweiten Blick, eine Art Seelenverwandtschaft. Sicher, ich kannte ihn, wie man ein Kind eben kennt, das man im Rahmen des Opferschutzes über eine längere Zeit – in diesem Fall etwa ein Jahr – begleitet hat. Ich hatte einen Draht zu ihm, aber es war schließlich Teil meiner Aufgabe, einen Draht zu »meinen« Kindern und Jugendlichen zu schmieden. Ich hätte nie im Leben daran gedacht, dass aus diesem Fall so viel mehr werden würde. Am Montag nach dem zweiten Wochenende teilte ich dem Jugendamt mit, dass wir die Testphase gerne beenden würden und dass Alex, sofern das Vormundschaftsgericht zustimme, so schnell wie möglich bei mir einziehen wolle.

Wir bekamen grünes Licht, fuhren in die Grünwalder Straße, wo nicht nur der Fußballverein, sondern auch das Internat beheimatet war, und packten Alex' Sachen. Von dem Tag an war er bei mir.

Etwa zwei Wochen später klingelte erneut das Telefon. Das Gericht fragte an, ob ich mir vorstellen könne, neben der Pflegschaft auch die Vormundschaft für den Jungen zu übernehmen. Eine reine Pflegschaft ist eine Form der Jugendhilfe, die meist vorübergehend gedacht ist, wenn man ein Kind nicht gleich in einem Heim unterbringen möchte. Vormundschaft dagegen bedeutet, dass man das volle Sorgerecht erhält.

Ich fand, das sei nun wirklich ein bisschen viel auf einmal. Die Dame am anderen Ende der Leitung begründete ausführlich, warum sie dies für sinnvoll halte. Nicht zuletzt sei es doch auch für mich praktischer, wenn ein Entscheidungsgremium wegfalle, ich freier und schneller agieren könne. Wenn ich »Ja« sagte, könne die Sache in kürzester Zeit über die Bühne gehen, dafür würde sie sich persönlich einsetzen.

Sie hat Wort gehalten.

# Wie die Jungfrau zum Kind

Ich werde nie wieder ein negatives Wort über Alleinerziehende verlieren!

Wenn man einen Artikel liest oder einen Fernsehbericht über alleinerziehende Mütter sieht – Väter kommen ja eher selten vor –, ertappt man sich manchmal dabei, dass man denkt, mein Gott, so schwer kann das doch gar nicht sein, alles eine Frage der Organisation. Inzwischen habe ich großen Respekt vor jeder / jedem, der Kind und Job und Haushalt unter einen Hut bekommt. Ich musste das erst lernen, und zwar von jetzt auf gleich.

Seit Alex' Einzug hatte sich mein Leben grundlegend verändert. Die Zeit, in der ich – von der Arbeit abgesehen – machen konnte, was ich wollte, war vorbei. Ich musste seinen Bedürfnissen und Interessen denselben Stellenwert einräumen wie meinen, musste für ihn da sein. Und zwar nicht nur zwischen Tür und Angel, bei einem kurzen Frühstück morgens vor der Schule oder für ein paar Stunden abends. Das mag für viele Eltern Normalität sein. Wir waren aber »nicht normal«. Alex war nicht mein leiblicher Sohn, für den ich etwa nach einer Scheidung zu sorgen gehabt hätte. Er hat einmal zu mir gesagt, ich sei zu ihm gekommen wie die Jungfrau zum Kind. Einem Kind an der Schwelle zur Pubertät, mit einer Vergangenheit, die ihm und mir jederzeit um die

Ohren fliegen konnte. Darauf wollte ich vorbereitet sein, alles andere wäre aus meiner Sicht verantwortungslos gewesen, dann hätte ich diese Aufgabe besser nicht angenommen.

Mit meinem Job ließ sich das auf Dauer allerdings nicht vereinbaren. Nach Rücksprache mit meinem Vorgesetzten entschied ich mich, von Januar 2003 an in Teilzeit zu gehen, mein Arbeitspensum bei der Polizei auf 34 Stunden zu reduzieren. Als Alleinerziehender in Teilzeit muss man natürlich Abstriche machen, aber das ging und geht in Ordnung. Ich werde nur für einen Halbtagsjob bezahlt, also muss ich auch kein schlechtes Gewissen haben, wenn ich einmal wegen familiärer Dinge daheimbleibe oder irgendetwas nicht übernehmen kann. Man darf sich selbst nicht so wichtig nehmen. Die Polizei hat es schon immer gegeben, es wird sie auch nach mir geben, der Laden wird nicht zusammenbrechen, wenn ich früher aus der Dienststelle gehe. So einfach ist das und so normal. Eine Erfahrung, die Zigtausende jeden Tag machen, manchmal damit hadern, wenn die Prioritäten verschwimmen.

Rückblickend sind wir in dieses Abenteuer sicher beide etwas blauäugig hineingestolpert; es gab Ängste auf beiden Seiten, Unsicherheiten im Umgang miteinander, dazu noch der gewaltige Rucksack, den Alex zu tragen hatte. Welche Auswirkungen diese Last haben konnte, habe ich in der Phase der Vormundschaft erlebt. Es gab damals eine Frau, mit der ich mich regelmäßig getroffen habe, die auch hin und wieder bei uns in Dachau vorbeischaute. Alex hat irgendwie gespürt, dass da mehr dahinterstecken könnte. Er war mit einem Mal wie ausgewechselt, wenn sie da war, und hat zum Teil sehr aggressiv und barsch reagiert. Mir gegenüber kapselte er sich ab, war wortkarg und mürrisch. Es dauerte, bis ich dahinterkam, dass das mehr war als pubertäres Gehabe.

Zwei Dinge kamen damals bei Alex zusammen. Zum einen eine massive Verlustangst, die Furcht, mich mit jemandem teilen zu müssen. Zum anderen hat Alex seine Mutter auf ein so hohes Podest gestellt, dass eine andere Frau da niemals herangereicht hätte.

*Ich war ein verdammt junger Kerl damals. Und wie das eben so ist am Anfang der Pubertät, hatte ich das Gefühl, auf mich allein gestellt zu sein, meinen Platz in der Welt selbst erkämpfen zu müssen. Einsamer Wolf und dieser ganze Quatsch. Tief im Inneren habe ich natürlich gewusst, dass Carlos zu mir hält, an meiner Seite steht. Daran hätte wahrscheinlich eine Partnerin auch nichts geändert. Aber was mich angeht, hätte ich nie diese enge Bindung zu ihm aufbauen können, die wir heute haben, wenn da noch jemand gewesen wäre. Ich wäre viel zu sehr damit beschäftigt gewesen, mich abzugrenzen und einer potenziellen Lebensgefährtin klarzumachen, dass ich keine neue Mutter brauche. Es gibt für mich nur eine Mama; hätte ich zugelassen, dass eine andere Frau in diese Rolle schlüpfte, hätte ich mich miserabel gefühlt. So als hätte ich meine Mutter verraten. Mit der Person an sich hatte das letztlich überhaupt nichts zu tun. Die Frau hätte noch so engagiert und liebevoll sein können. Sie wäre gescheitert. Ich weiß, dass das Carlos gegenüber unfair war, aber ich konnte einfach nicht anders. Heute möchte ich nur noch, dass er glücklich ist.*

Ich habe damals mit engen Freunden über die Situation gesprochen und einmal auch mit einem Psychologen. Mein erster Impuls war: Ich kann doch nicht auf Dauer so leben, als wäre ich im Kloster. Dann müsse ich das eben heimlich machen, wurde mir geraten. Eine Beziehung, die ich verschweigen müsste, wäre für mich aber keine Beziehung. Außerdem würde ich mit so etwas einen doppelten Vertrauensbruch begehen. Zumal Alex immer sehr feine Antennen hatte.

Wenn ich ihn wirklich annehmen wollte, und wenn das zumindest für eine gewisse Zeit eben nur ohne Partnerin ging, musste ich mich entscheiden.

Wir haben lange und sehr offen geredet. Ich habe der Frau erzählt, dass Alex mir das Wichtigste und Liebste sei, das ich habe. Und dass ich das nicht gefährden wolle. Es ist eigenartig, aber ich habe das damals nicht als Scheitern empfunden oder als eine Art von Einknicken oder Kleinbeigeben. Man trifft Entscheidungen nicht ohne Grund, selbst wenn es unbewusste sind. Es gibt immer eine Vorgeschichte, eine Erfahrung, die einen in dem, was man tut, bestärken oder verunsichern kann. Ich war mir sicher.

## Vater sein

Nach etwa anderthalb Jahren merkte ich, dass wieder etwas in Alex arbeitete. Er meldete sich mit einem Mal am Telefon nicht mehr mit seinem Nachnamen, sondern mit meinem. Als ich ihn darauf ansprach, entgegnete er flapsig: »Wieso? Hier ist doch ›bei Benede‹, ist schließlich dein Telefonanschluss.«

Dann sagte er eines Abends zu mir, er würde mich am liebsten »Papa« nennen. Aber das wäre schon irgendwie komisch, weil ich ja nicht sein Papa sei, also nicht wirklich.

Alex hatte bei mir in Dachau einen sicheren Hafen gefunden, ein Zuhause. Nun ging es um mehr. Um Identifikation, um ein Ganz-Dazugehören, um die Sicherheit, dass es hier mit mir, mit uns, etwas gibt, das ihm niemand mehr nehmen kann.

*Ich wusste natürlich nicht, was die Zukunft bringen würde, aber ich wusste, dass ich einen Neuanfang machen, die Vergangenheit hinter mir lassen musste. Den Namen meines leiblichen Vaters abzulegen war ein wichtiger Schritt und auch ein Signal nach außen. Gleichzeitig war es für mich auch ein Zeichen des Respekts gegenüber Carlos und dem, was er bis dahin alles für mich getan hatte. Ich wusste, wenn jemand diese enorme Verantwortung für mich übernimmt, für mich sorgt, mir ein neues Zuhause schenkt, dann gehöre ich auch zu ihm. Und zwar ganz.*

Der einzige Schritt, der ihm diese Sicherheit geben konnte, wäre eine Adoption.

Dieses Mal musste ich nicht nur eine, sondern ein paar Nächte darüber schlafen. Bei einem gemeinsamen Frühstück am Wochenende fragte ich ihn aus dem Blauen heraus, ob er sich das vorstellen könne. Er hatte keine Ahnung, dass die Signale, die er ausgesandt hatte, bei mir etwas in Gang gesetzt hatten.

Alex strahlte aus allen Knopflöchern. Eine Adoption kann eine langwierige Sache sein, und gerade in meinem Fall als Alleinstehender mit ungewissem Ausgang, aber davon wollte er nichts hören. »Scheißegal, wir machen es!«

Wir statteten unserem Freund im Amt gemeinsam einen Besuch ab. Wunderbar, tolle Neuigkeiten, doch das sollten wir bitte mit den Kollegen besprechen, leider werde er in Kürze pensioniert ... Einige Tage später gab ich seiner Nachfolgerin gegenüber eine offizielle Erklärung ab, dass ich Alex adoptieren wolle. Sie hatte keine Einwände, wies mich aber darauf hin, dass ich bei einem positiven Bescheid keinen Anspruch auf Pflegegeld mehr haben würde. Da ich ja nur in Teilzeit, also mit reduzierten Bezügen arbeiten würde und meine Einkommensverhältnisse gründlich überprüft würden, könne das eine Rolle spielen.

Mir war das auf gut Deutsch wurscht. Wenn es nur an diesem Punkt haken würde – wir würden schon über die Runden kommen.

Der zweite Schritt war der Gang zum Notar, um eine Willenserklärung abzugeben. Danach ging das Ganze erst richtig los. Ich wurde ins Jugendamt einbestellt und musste vor einer Kommission erklären, warum ich diesen Jungen adoptieren wollte. Sechs Leute, darunter zwei Psychologen, löcherten mich nach allen Regeln der Kunst. Ich kam mir vor wie bei einer Gerichtsverhandlung. Meine größte Befürchtung war, dass das »Fehlen einer Frau im Haus« negativ ausgelegt werden würde. Das Bild von Familie ist in unserer Gesellschaft nach wie vor das von Vater, Mutter, Kind. Und alleinerziehende Männer sind in diesem Bild nur ein winziges Pünktchen am Rand.

Am Ende spielte das gar keine Rolle. Vielleicht auch, weil Alex unser spezielles Familienleben so positiv geschildert hatte. Selbst von den angeblich weltbesten Schinkennudeln wusste die Verfahrenspflegerin, die ihn befragte.

Die Verfahrenspflegerin war eine Anwältin mit pädagogischer Ausbildung, die ihm während des Adoptionsprozesses vom Familiengericht zur Seite gestellt wurde und mit der er sich mehrmals zu Gesprächen traf. Ihre Einschätzung über die Verfassung des Jungen und die Verhältnisse bei uns zu Hause war ein wichtiger Baustein. Der zweite war ein Gutachten, das die Kommission über mich erstellte.

Bei meiner Befragung war es zu einem kleinen Disput gekommen, als mit einem Mal latent das Thema Missbrauch im Raum stand. Dass es durchaus ein Thema ist, wusste ich nicht erst durch meine Arbeit im Opferschutz. Mich packt aber wirklich die Wut, wenn unsere Gesellschaft einerseits alles übersexualisiert und andererseits nur allzu bereitwillig wegschaut, wenn Missbrauch tatsächlich passiert. Dieser unterschwellige Reflex, aha, da ist einer, der will einen Buben adoptieren, und der ist auch noch Single, da muss doch was dahinterstecken, das fand ich ehrlich zum Kotzen.

Ich habe oft genug erlebt, dass die Mühlen der Ämter in Missbrauchsfällen langsam mahlen. Und dass bei Sorgerechtsstreitigkeiten diese Karte manchmal gespielt wird, um dem ehemaligen Partner einen reinzuwürgen. Dafür fehlt mir jedes Verständnis, dazu ist das Thema zu ernst, dazu leiden die Opfer zu sehr. Die Zahl der Fälle, mit denen ich in den letzten Jahren zu tun hatte, kann ich gar nicht mehr zählen.

Nachdem ich mich wieder etwas beruhigt hatte, sagte ich nur: »Wissen Sie, Sie haben sich in den vergangenen Monaten, als ich für Alex erst die Pflegschaft und dann die Vormundschaft hatte, nicht wirklich für uns interessiert. Wenn ich solche Hintergedanken gehabt hätte, hätte ich alle Zeit der Welt gehabt. Und zwar lange vor der Adoption.« Damit war das Thema vom Tisch.

Beide Berichte wurden anschließend zur weiteren Beurteilung ans Familiengericht geschickt. Zuständig war das Amtsgericht Dachau, insofern hofften wir auf eine rasche Bearbeitung.

Kurz vor der Entscheidung bestellte mich der Richter zu einem persönlichen Gespräch ein. Noch einmal musste ich unsere Geschichte erzählen, noch einmal alle Gründe aufführen, warum und weshalb, noch einmal Auskunft über meine Einkommenssituation, die Wohnung, meine Gesundheit geben.

Die Gutachten waren beide positiv, das Gericht schloss sich den Empfehlungen an. Und dann hatten wir endlich die Adoptionsurkunde!

Bei unserer ersten gemeinsamen Reise als »Vater und Sohn« nutzte Alex jede Gelegenheit, seinen neuen Pass vorzuzeigen. Er war endlich ein Benede, er konnte mich endlich auch ganz offiziell Papa nennen. Und ich war ganz offiziell Vater.

# Heimat

*Ich habe meinen Vater nie vermisst,
ich kannte ihn nicht einmal. Ich habe auch nie
den Wunsch verspürt, eigene Kinder zu haben.
Nun hatte ich eines, dem ich Vater sein sollte.
Für den ich bedingungslos da sein wollte.
So wie die Nonnen damals für mich.*

Carlos Benede

Die Fahrt von Dachau ins Allgäu ist für mich jedes Mal wie eine Zeitreise. Gut anderthalb Stunden dauert es, bis ich links am Großen Alpsee vorbeikomme, die Berge am Horizont auftauchen. Der Hochgrat, das Rindalphorn, der Seelekopf, der Falken. Davor die Buckel und Hügel, mit Namen wie Hündle und Denneberg, auf denen ich das Skifahren gelernt habe. Nach den Hündlebergbahnen geht es scharf rechts durch eine Unterführung auf die Klosterstraße, die nach Kalzhofen führt. Dort bin ich aufgewachsen.

Auf der linken Seite, gleich hinter dem Ortseingang, liegt in einer Kurve der ehemalige Hauberhof. Ein großes Anwesen mit mehreren Wohn- und Wirtschaftsgebäuden, seit Generationen in Familienbesitz. Um die Jahrhundertwende gehörte der Hof vier Geschwistern, die allesamt unverheiratet und kinderlos geblieben waren. Als sie den Hof nicht länger bewirtschaften konnten, wollten sie ihren Besitz stiften, um Waisenkindern ein Zuhause zu geben. »Wie sauer Bier« hätten sie es angeboten, heißt es in einer alten Chronik. Egal an welche kirchlichen Einrichtungen sie sich wandten, keiner habe ihn haben wollen. Nicht mit dieser Auflage. Die anderen Bauern aus der Umgebung hätten die Felder und Wiesen gerne gepachtet, auch die Alp, auf die im Frühsommer das Jungvieh hinaufgebracht wurde. Aber der Hof sollte nur im Ganzen übergeben werden.

Sechs Klöster hatten die Schenkung bereits abgelehnt, als sich der Orden der Franziskanerinnen aus Oberstaufen an das Dillinger Mutterhaus wandte. Die Oberin war der Meinung, mit »Gottvertrauen« ließe sich aus dem Hof etwas machen. 1905 wurde die »Wohltätigkeitsanstalt« auf dem ehemaligen Hauberhof unter dem Namen »St. Immaculata« eröffnet. Der Name ging auf einen Vorschlag der Geschwister zurück, die sehr katholisch waren und die Muttergottes von Lourdes verehrten: Seit 1892 hatte es in Kalzhofen eine ihr gewidmete Grotte gegeben, die zwischen zwei Gebäuden des Hofes lag und zahlreiche Wallfahrer anzog. 1906 wurde an der gleichen Stelle eine Kapelle errichtet. Von dort führt oben über den Chor ein Gang hinüber zum Haupthaus des Kinderheims. Die Schwestern und der Hausgeistliche konnten so auf direktem Weg von ihren Wohnräumen in die Kapelle gelangen.

Der Alltag der Schwestern war hart. Sie führten die Landwirtschaft weiter und kümmerten sich um Waisenkinder, vom Säugling bis zum jungen Erwachsenen. Im Winter gefror die Wäsche auf dem Speicher, die Stoffwindeln hingen bocksteif auf der Leine. Geld für ihre Arbeit bekamen die Schwestern nicht, sie schufteten für »Gottes Lohn«, wie es so schön hieß. Eine Bezahlung für ihr soziales Engagement gab es erst, als in den siebziger Jahren Pflegesätze für solche Einrichtungen eingeführt wurden.

Während des Zweiten Weltkriegs mussten die Schwestern im Zuge der Kinderlandverschickung bis zu neunzig zusätzliche Mäuler satt bekommen. Nach Kriegsende platzte das Haus aus allen Nähten. Die Franziskanerinnen beschlossen, Säuglinge und Kleinkinder im sogenannten Vetterhaus St. Anna unterzubringen. Es hatte Xaver Arzet gehört, einem Vetter der Hauber-Geschwister, daher der Name.

Ich war drei Jahre alt, als ich ins Vetterhaus kam. Eine alte Bauernkate mit dicken Mauern, niedrigen Decken und kleinen Fenstern, etwas oberhalb des Kinderheims an einem Hang gelegen. Es ist das einzige Gebäude, das heute nicht mehr existiert. Brandschutzauflagen und Sanitäranlagen, die nicht den modernen Standards entsprachen und deren Modernisierung Unsummen verschlungen hätte, führten am Ende zu seinem Verkauf und späteren Abriss. Heute steht dort ein Neubau, einer von vielen, die sich den Hang hinaufschlängeln, wo früher nur Wiesen gewesen waren.

In meiner Vorstellung ist das verwinkelte Haus mit den knarzenden Stufen und der großen Stube im Erdgeschoss so etwas wie ein Hexenhäuschen. Ich träume heute noch manchmal davon, auch wenn ich die Bilder selten festhalten und wiedergeben kann. Es sind keine konkreten Erinnerungen, es ist eher ein Gefühl, das ich mit diesem Haus, mit meiner Zeit dort verbinde. Eines von Geborgenheit, Sicherheit und Wärme. Eines, das mit Sr. Gottraud und Sr. Onesima verknüpft ist, die wir »Oma« nannten. Weil sie schon so alt war und dem Bild entsprach, das wir uns von einer Großmutter machten: mit viel Herz und Güte. Als ich schon drüben im Haupthaus war, half sie manchmal im Gruppendienst aus, wenn eine der anderen Schwestern nicht da oder krank war. Sie hat uns viel mehr durchgehen lassen, auch weil sie weniger mitbekommen hat als die jüngeren Nonnen, die genau wussten, auf wen sie ein Auge haben mussten.

Im Vetterhaus waren bis zu dreißig Kleinkinder und Säuglinge untergebracht. Warum ich erst mit drei Jahren dorthin kam und wo ich vorher war, kann ich nicht genau sagen. Ich besitze keine Unterlagen, die darüber eindeutig Auskunft geben würden.

Sr. Augusta meint, ich sei vorher in einem Säuglingsheim gewesen, vielleicht in Immenstadt, wo meine Mutter gemeldet war und ich geboren wurde, vielleicht aber auch in Lindau. In Lindau habe sich jedenfalls das für mich zuständige Kreisjugendamt befunden. Genaueres wisse sie aber auch nicht. Erst jetzt, vor wenigen Wochen, bin ich während der Arbeit an diesem Buch im Archiv von Kalzhofen auf einen handschriftlichen Eintrag in meiner Heimakte gestoßen. In der Rubrik »woher gekommen« steht: Säuglingsheim Immenstadt. Wann ich dorthin gekommen bin, ob unmittelbar nach der Geburt oder erst später, konnte ich allerdings nicht herausfinden.

Für mich spielt es letztlich keine Rolle, weshalb ich mich in den vergangenen Jahrzehnten nie ernsthaft auf die Suche gemacht habe. Es mag seltsam klingen, dass mich das Thema Herkunft so lange kaum umgetrieben hat. Ich habe diese Leerstellen in meiner Biographie nie als Defizit empfunden, nie das Gefühl gehabt, mir würde etwas fehlen. Ich habe die Situation so angenommen, wie sie war. Ohne Wenn und Aber. Kinder arrangieren sich viel schneller als Erwachsene, reagieren flexibler auf

Situationen, die ein Außenstehender vielleicht als schwierig empfinden würde. Weil er die Situation mit all seinen Erfahrungen im Gepäck betrachtet. Als Kind, noch dazu als Kleinkind, kann man diese Vergleiche nicht anstellen. Das Nachdenken über das, was im eigenen Leben anders ist, beginnt erst, wenn man mit anderen Biographien konfrontiert wird. Weil man Menschen trifft, die einen schräg anschauen, einem sogar mit Vorurteilen begegnen, weil man im Heim aufgewachsen ist. Oder weil man vielleicht darüber im Unklaren gelassen wurde, dass man adoptiert worden ist. Wenn man jahrelang in dem Glauben aufgewachsen ist, das sind meine leiblichen Eltern, und dann platzt irgendwann die Bombe, haut es einen völlig aus der Bahn. Ich kann mich an einen Jungen erinnern, der erst sehr spät zu uns ins Heim kam. Durch einen Zufall hatte er erfahren, dass seine Eltern nicht »die richtigen« waren. Das war ein Schock, nicht nur für ihn – die ganze Familie, die ihn adoptiert hatte, ist daran kaputtgegangen. Am Ende musste er die Erfahrung machen, ein zweites Mal abgeschoben zu werden. Das geht so tief rein in die Seele, da kommt man kaum darüber hinweg. Die Selbstzweifel, diese bohrenden Fragen nach dem Warum, haben ihn fertiggemacht.

Was das angeht, hatte ich vielleicht einfach nur Glück, dass ich schon so früh ins Heim gekommen war. Die Kinder im Vetterhaus wuchsen alle ohne die Anwesenheit einer leiblichen Mutter, eines leiblichen Vaters auf. Manche waren Vollwaisen, andere waren Sozialwaisen, Kinder, bei denen das Jugendamt eine Unterbringung außerhalb der Familie angeordnet hatte. Meine Geschichte lag irgendwo dazwischen.

Meine Mutter Maria Theresia stammt ursprünglich aus Spanien; als junge Frau war sie als Gastarbeiterin nach Deutschland gekommen und in der Lindauer Gegend hängengeblieben. Hier gab es eine große spanische Gemeinde, die Leute arbeiteten bei der Strumpffabrik Kunert, bei Bosch oder bei Mittelständlern in der Umgebung.

Mit Anfang zwanzig wurde sie schwanger. Ob gewollt oder ungewollt, weiß ich nicht. Ich weiß auch nicht, wie lange sie mit ihrem Freund – einem Farbigen – zusammen war, ob und wann sie sich getrennt haben oder ob er sie einfach sitzengelassen hat. Es ist insofern auch müßig, darüber zu spekulieren, ob sie überfordert war von der Vorstellung, ein Kind durchbringen zu müssen, oder ob der soziale Druck, eine »ledige Mutter« zu sein, den Ausschlag gegeben hat, mich abzuschieben. Es waren andere Zeiten damals, Anfang der sechziger Jahre, noch dazu auf dem Land. Sie wird ihre Gründe gehabt haben.

Für uns Kleine war die Ausgangssituation die gleiche: Wir hatten eben mehrere Mütter, die sich um uns kümmerten, und das war nichts Ungewöhnliches, für uns war es normal. Meine Mütter hießen Sr. Gottraud und später, als ich mit sechs Jahren hinunter ins große Haus kam, Sr. Augusta.

*Wenn ein kleines Kind ins Vetterhaus gebracht wurde, bekamen wir im Haupthaus davon nicht viel mit. Beim Carlos war das anders, der ist einfach aufgefallen. Schon allein, weil er ja dunkler war, ein Mischling mit Lockenkopf. Aber auch weil er ein sehr froher Junge war, kein Einsiedler, sondern einer, der die Gemeinschaft gesucht hat und schon während seiner Zeit im Vetterhaus immer wieder neugierig zu den Größeren hinuntergestiefelt ist. Als er dann zu mir in die Gruppe kam und ich ihn besser kennenlernte, habe ich schnell gemerkt, dass er einer ist, der nicht nur sich selbst sieht, sondern immer auch den anderen. Das ist in einem Heim nicht selbstverständlich. Da ist es eher so, dass manche die Ellbogen ausfahren, damit sie nicht zu kurz kommen. Sich nehmen, was sie brauchen, ohne Rücksicht auf Verluste. Er hätte auch einmal sagen können: So, jetzt geht es um mich. Doch das kann er gar nicht, bis heute nicht. Für mich war dieser Bub mit seiner ganzen Art einer, der trotz allem auf der Sonnenseite des Lebens geboren wurde. Der nie damit gehadert hat, dass er es vielleicht schwerer haben könnte als andere. Und wenn einer aus seiner Gruppe Hilfe gebraucht hat, war er da.*

Sr. Augusta war für fünfzehn Kinder verantwortlich, Jungen und Mädchen, die wie in einem Familienverbund zusammenlebten. Ein paar Jahre zuvor war das noch ganz anders gewesen. Es hatte ein Mädchenhaus und ein Jungenhaus gegeben. Je nach Alter waren die Kinder in großen Gruppen mit bis zu dreißig Kindern von wechselnden Schwestern betreut worden. Sie wanderten von einer Schwester zur nächsten. Das änderte sich, als in den sechziger Jahren immer neue heilpädagogische Ansätze aufkamen. Das Leben in kleinen Gemeinschaften mit festen Bezugspersonen war einer davon. Dass dieser Ansatz in Kalzhofen relativ schnell umgesetzt wurde, dass es mit einem Mal gemischte Gruppen gab, lag an einem konkreten Fall: Als nach dem Tod der Eltern sechs Vollwaisen ins Heim kamen, wollten die Schwestern, dass die Geschwister zusammenbleiben konnten und nach diesem schweren Schlag nicht auch noch räumlich auseinandergerissen wurden.

Von da an bewohnte jede Gruppenleiterin mit ihren Kindern eigene Räume. Sr. Adelina und Sr. Mansueta waren im ehemaligen Mädchenhaus untergebracht, einem der älteren Gebäude des Hofes. Ein mit Schindeln verkleidetes Haus mit Dachgauben rechts neben der Kapelle, das heute »Sonnenhaus« heißt.

Sr. Augustas Wohngemeinschaft befand sich im zweiten Stock des Haupthauses. Es war in den fünfziger oder sechziger Jahren errichtet worden, als Anbau zum Wohn- und Verwaltungstrakt der Schwestern. Im hinteren Bereich des Erdgeschosses, abgetrennt durch Glasbausteine, war die Heimschule untergebracht. Eine klassische Volksschule, die bis zur achten Klasse ging. Als dann das neunte Schuljahr eingeführt wurde, blieben die Kinder nur noch bis zur sechsten Klasse in der Heimschule, die Älteren mussten auf weiterführende Schulen wechseln. Ich hatte das Glück, dass die Gemeinde Oberstaufen ein paar hundert Meter vom Heim entfernt einen großen Schulkomplex errichten ließ, in dem ich die letzten Jahre die Schulbank drückte.

Ebenfalls im Erdgeschoss des Haupthauses war der Kinderhort untergebracht. Als der eröffnet wurde, hatte das im Ort für ziemlichen Wirbel gesorgt. Über Eltern, die ihre Kinder für ein paar Stunden dorthin brachten, wurde getuschelt. Was? Die stecken ihre Kinder in den Hort? Das geht doch nicht, das ist ja eine Schande für die Mutter. Es dauerte, bis dieses Modell akzeptiert war. Mit der Schule war es sehr viel schneller gegangen. Wir hatten externe Schüler, die mit uns die Schulbank drückten, weil es damals schon eine Nachmittagsbetreuung gab.

Über ein breites Treppenhaus gelangte man in die beiden oberen Stockwerke. Auf dem Absatz im zweiten Stock befanden sich das Büro der Oberin, ein Nähzimmer sowie ein großer Gemeinschaftsraum für die Schwestern. Durch eine Tür gelangte man zu unserem Trakt. Auf der linken Seite des Ganges lagen die Schlafzimmer, rechts die Toiletten und Waschräume, außerdem die Zimmer der Schwestern, die im Gruppendienst waren.

Jede Gruppe hatte eigene Räume: ein eigenes Wohnzimmer mit Teppichboden, einer Couch, Polstersesseln und der unvermeidlichen Siebziger-Jahre-Schrankwand mit einem eigenen aufklappbaren Fach für den Fernseher. Der wurde nur zu bestimmten Zeiten hervorgezogen, und auch nur dann, wenn Sr. Augusta vorher eingehend das Programm studiert und eine Auswahl getroffen hatte. Meine Lieblingssendung war *Flipper*, dagegen gab es selten Einwände.

Rechts neben dem Wohnzimmer lag der Aufenthaltsraum mit einer großen Eckbank und einigen Vierertischen, auf denen meistens rot-weiß karierte Mitteldecken lagen. Daneben befand sich eine kleine Küche mit Prilblumen auf den Fliesen über der Spüle. Über einen Aufzug war sie mit dem Küchentrakt im Erdgeschoss verbunden – dem Reich von Sr. Narzissa. Das war eine, die schon mal etwas grantig sein konnte, die einen eigenen Kopf hatte. Wenn sie etwas nicht wollte, hat sie das durchgezogen, da hätte sich selbst die Oberin auf den Kopf stellen können. Uns Kindern allerdings hat sie kaum etwas abschlagen können. Vor allem wenn sie Süßspeisen oder Kuchen zubereitete, witschten wir ständig in die Küche, um die Rührschüsseln auszuschlecken. Die Strudel, die sie gemacht hat, mit Äpfeln aus dem Garten oder mit Rahm, die waren der Wahnsinn. Im Sommer stand sie manchmal mitten in der Nacht auf, um die Eismaschine anzuwerfen. Wenn das Heim voll besetzt war, musste sie für bis zu 150 Leute ein Mittagessen auf den Tisch bringen. Dazu kam noch die Versorgung des Vetterhauses. Das Essen wurde anfangs mit einem Leiterwagen, im Winter mit einem Schlitten den Hang hinaufgezogen. Später wurde der »Ordenswagen«, ein Opel Kadett, dafür hergenommen. Für Frühstück und Abendessen waren die jeweiligen Gruppenleiterinnen selbst verantwortlich.

Im Erdgeschoss befand sich eine Gemüseküche, in der ältere Schwestern, die nicht mehr im Gruppendienst waren, dazu noch ein paar Aushilfen aus dem Ort schälten und schnippelten; es gab eine hauseigene Bäckerei, verschiedene Vorrats- und Kühlräume und eine Spülküche für Töpfe und Pfannen. Das Essgeschirr wurde oben in den Gruppenküchen gewaschen – neben Tischdecken und Abräumen einer der »Dienste«, die wir zu leisten hatten. Jeden Freitag bekamen wir von Sr. Augusta außerdem »eine Ordnung«, wie sie das nannte. Leichte Aufgaben wie Schuhe putzen, den Hof oder den Sportplatz kehren, Waschbecken putzen, Betten abziehen oder im Garten links hinter dem Haus helfen. Das war ein richtig schöner Bauerngarten, mit Blumen, Kräutern und Gemüse. Die Arbeiten wurden im Wechsel erledigt, jeder kam also nur ein-, höchstens zweimal im Monat dran.

Beete anlegen, gießen oder Unkraut jäten stand nicht ganz so hoch im Kurs. Anders war es mit der Landwirtschaft. Zum Kloster gehörten nicht nur Wiesen und Felder, sondern auch eine Viehwirtschaft mit Schweinen und Kühen. Anfangs führten die Schwestern die Landwirtschaft noch in Eigenregie, später holten sie einen Verwalter dazu, der sich mit einigen landwirtschaftlichen Helfern um alles kümmerte. Vom Hof bekamen wir frische Milch, Fleisch, Kartoffeln. Früher war das sicher eine Frage der Wirtschaftlichkeit, heute gehört es eher zum Bereich Lifestyle.

Bei meinem letzten Besuch in Kalzhofen vor einigen Monaten erzählte mir eine Schwester, dass die Franziskanerinnen in einem anderen Kinderheim gerade dabei seien, eine eigene kleine Landwirtschaft aufzubauen. Die Kinder sollten schließlich einen Bezug zur Natur und zur Schöpfung bekommen, wie sie sagte, sie sollten erleben, wo ihr Essen herkommt. Wir haben das noch ganz selbstverständlich und eher nebenbei mitbekommen.

Unsere Mitarbeit war vor allem im Spätsommer und Herbst gefragt. Wenn das Heu eingeholt und die Silos befüllt werden mussten oder die Obsternte anstand. Das war allerdings ein freiwilliger Dienst, bei dem es immer ein Extra gab. Ein Stück Kuchen, eine Flasche Zitronenlimo, die es sonst nicht gab, eine Fahrt auf dem Traktor, hin und wieder auch einen Extragroschen Taschengeld. Kleinigkeiten, mit denen man heute kaum noch jemanden hinter dem Ofen vorlocken könnte.

## Kindertage

Morgens gegen halb sieben wurden wir geweckt; das reichte vollkommen aus, da unser Schulweg anfangs nur aus zwei Etagen bestand. Sr. Augusta ging von Tür zu Tür und scheuchte uns aus den Federn. Wir schliefen in Vierer- oder Doppelzimmern, die Älteren hatten Einzelzimmer. Danach ging es kurz in den Waschraum und wieder zurück ins Zimmer. Auf dem Bett lag dann schon die Kleidung aus, die wir anziehen sollten. Das war etwas, bei dem sich Sr. Augusta nur ungern reinreden ließ. Wir sollten immer tipptopp aussehen, und wer das in ihren Augen nicht alleine hinbekam, der musste eben anziehen, was sie rausgesucht hatte.

Kurz nach sieben versammelten wir uns im Aufenthaltsraum. Vor dem Frühstück wurde gebetet. Ohne Morgengebet begann kein Tag im Heim. Und ohne Abendgebet ging keiner zu Ende. Das gab eine gewisse Struktur, darüber wurden aber auch Inhalte und Werte vermittelt. Sr. Augusta wollte uns einbinden, wollte, dass wir uns eigene Gedanken machten; deshalb war einer ihrer »Dienste«, dass wir reihum selbst kleine Texte auswählen und vor dem Essen vortragen sollten.

Während wir frühstückten, schmierte Sr. Augusta für jeden von uns Pausenbrote. Fünfzehn Stück. Jeder hatte ein eigenes Brotzeitsäckchen, das mit Obst, Wurst- oder

Käsebroten gefüllt wurde. Sr. Rathilde nähte diese Säckchen aus alten Bettlaken und stickte anschließend die Namen darauf. Jeden Freitag mussten wir die Säckchen zum Waschen abgeben. Notorische Sammler, die ihre Pausenbrote gerne mal »vergaßen« oder Bananen tagelang im Ranzen nachreifen ließen, wurden zwischendurch schon mal in die Küche zitiert, um ihre Säckchen vorzuzeigen.

Wenn wir alle endlich abgeschwirrt waren und Ruhe einkehrte, trafen sich die Schwestern zum Frühstücken im Refektorium. Das war die einzige Mahlzeit, die sie nicht mit uns einnahmen. Ein Arbeitsessen in großer Runde, bei dem es um Tages- oder Wochenpläne ging, Probleme besprochen wurden. Am Abend war dafür keine Zeit, da die Schwestern alle bei ihren Gruppen blieben. Auch über Nacht, während die weltlichen Erzieherinnen und »Fräuleins« dann nach Hause gingen. Die Schwestern waren immer im Dienst.

Ich denke mir heute manchmal, es ist ein enormer Verlust, wenn sich immer weniger Orden in der Sozialarbeit engagieren. Weil ihnen junge Schwestern fehlen oder sich kirchliche Träger zurückziehen.

Dieses »Sich-in-den-Dienst-Stellen«, diese Bedingungslosigkeit, mit der sie für uns da waren, ist außergewöhnlich, das findet man in weltlichen Einrichtungen nicht in dieser Selbstverständlichkeit. Da gibt es Wochenarbeitsstunden, klar definierte Schichtdienste und entsprechende Wechsel von einem Betreuer zum nächsten und, und, und.

Wenn ich heute von meinen Mitarbeitern das verlangen würde, was diese Frauen geleistet haben, würden die ganz schnell ihren Hut nehmen oder mir die Gewerkschaft auf den Hals schicken.

Der Glaube – nicht die Kirche als Institution – macht aus meiner Sicht viel aus. Mit der Institution selbst kann ich nicht viel anfangen. Auch das mag mit meiner Zeit in Kalzhofen zusammenhängen.

Bei uns oben im zweiten Stock hatte der Hausgeistliche seine Wohnung. Ein unsympathischer Kerl, der alles dafür tat, dass man der Kirche nichts abgewinnen konnte. Die Ministranten waren die ärmsten Schweine, keiner hat sich für diesen Dienst freiwillig gemeldet. Während die Schwestern nur geschuftet haben, hat er sich von vorne bis hinten bedienen lassen. Er war nur für das Heim zuständig, als Beichtvater für die Nonnen und um die Gottesdienste in der Kapelle zu halten. Den Rest des Tages verschanzte er sich in seiner Wohnung und ließ die Schwestern springen. Rathilde, eine etwas untersetzte Nonne, sah man kurz vor den Essenszeiten nur noch flitzen, damit er ja rechtzeitig sein Tablett auf dem Tisch hatte.

Was ich am schlimmsten fand, war, dass er immer wieder gepetzt hat. Stundenlang stand er mit dem Fernglas am Fenster und beobachtete uns. Wenn einer etwas »Ungebührliches« getan hatte, konnte man sicher sein, dass die Oberin fünf Minuten später Bescheid wusste. Zu mir hat er einmal gesagt, in mir stecke der Teufel. Das könne man schon an meiner Hautfarbe sehen.

Während ich allen Schwestern, die ich in meiner Zeit in Kalzhofen kennengelernt habe, großen Respekt zolle, weil sie sich trotz ihrer manchmal schweren Aufgabe um Gerechtigkeit und Menschlichkeit bemühten, hatten wir ihm mit Achtung zu begegnen allein wegen seiner Funktion. Weil er ganz oben in der Hierarchie stand. Wenn jemand dorthin kommt, weil er etwas Außergewöhnliches geleistet hat, ein besonderer Mensch ist – fein. Aber bei diesem Pater kommt mir, wie bei vielen Funktionsträgern der Amtskirche, noch im Nachhinein die Galle hoch. Die einfachen Ordensleute wissen, wie es in der Wirklichkeit zugeht, sie sind diejenigen, die ihren Glauben noch leben und an der Basis arbeiten. Die anderen verschanzen sich hinter Pomp und Gloria oder ihrer Funktion, und wenn sie sich einmal hervorwagen, heben sie gleich den Zeigefinger und reden von Moral.

Wie die Schwestern mit ihm klarkamen, weiß ich nicht. Aufgrund seiner Rolle in der Kirche stand er als eine Art geistlicher Direktor sogar über der Oberin des Heims. Er war ihr Beichtvater, sie und die Schwestern waren ihm gegenüber zu Gehorsam verpflichtet. Besonders beliebt war er sicher nicht, aber wenn er einen von uns wegen ungebührlichen Verhaltens anschwärzte, mussten sie reagieren.

Wer es schaffte, dem Pfarrer mal eins auszuwischen, ihm einen Streich zu spielen, war der Held. Es hat nur leider selten geklappt. Einmal hängte jemand das Ewige Licht ab und versteckte es, ein anderes Mal wollten einige der Ministranten die großen Kerzen, die hoch oben auf dem Altar standen, präparieren, damit er sie beim nächsten Gottesdienst nicht anbekam. Dafür mussten sie auf einen gepolsterten und mit Samt überzogenen Stuhl steigen. Die Fußabdrücke waren deutlich sichtbar. Nach einer Schuhkontrolle war klar, wer dahintersteckte. Die Strafen waren dieselben, die unsere externen Mitschüler in solchen Fällen von ihren Eltern aufgebrummt bekamen: Hausarrest oder Fernsehverbot. Schlimmer war es, wenn der Samstagsausflug gestrichen wurde. Alle paar Wochen stand eine Fahrt nach Immenstadt oder Sonthofen an. Gemeinsam mit Sr. Augusta stöberten wir durch Bekleidungsgeschäfte und Schreibwarenhandlungen. Bevor es wieder heimging, gab es für jeden eine Bratwurst. Und wenn die wegen irgendeines Blödsinns gestrichen wurde ...

Eine Watschn habe ich nur ein einziges Mal bekommen – weil ich in einem Laden in Immenstadt ein Päckchen Kaugummi geklaut hatte. Der Filialleiter rief postwendend im Heim an und informierte die Oberin. Im Ort hatte ich den Status als »Exotenkind«, jeder wusste, »der Dunkle« wohnt im Heim. Als ich heimkam, wurde ich schon erwartet. Nach der Ohrfeige, die mich ohne Vorwarnung erwischte, musste ich hoch und heilig versprechen, dass so etwas nie wieder vorkommt.

Wenn wir gegen ein Uhr aus der Schule kamen, wurde gemeinsam zu Mittag gegessen. Danach durften wir erst einmal raus: hinauf zur Kalzhofener Höhe und in den »Lumpenwald«, wie er im Dorf hieß, weil sich dort früher angeblich Landstreicher und allerlei Gesindel herumgetrieben hätten. Für Sr. Digna war es dagegen der Zauberwald. An Ostern wurden dort Eier und Hasen aus Schokolade oder Hefeteig versteckt; schon Tage vorher verfolgten die Schwestern gebannt den Wetterbericht. Eine Katastrophe, wenn Regen angekündigt war oder noch so viel Schnee lag, dass die Osternester ein paar Stunden im Freien nicht überstehen würden. Ein anderes

Mal zerrte Sr. Digna eine riesige Wurzel aus dem Wald, die wir dann mit vereinten Kräften den Berg hinuntertragen wollten. Am Ende half uns ein Bauer, der nur den Kopf schüttelte. Was sie denn mit diesem sperrigen Ding wolle. Die sei für die große Weihnachtskrippe in der Kapelle, doch dort ging sie gar nicht erst durch die Tür. Ein ganzes Stück musste abgesägt werden.

Im Lumpenwald war ich am liebsten. Einfach nur toben, Verstecke bauen, draußen sein. Wer nicht mitwollte, konnte auf den Spielplatz gehen. Davon gab es zwei, einen hinter dem Haupthaus und einen weiteren hinter dem ehemaligen Mädchenhaus. Später wurde links neben der Kapelle im Innenhof noch ein Sportplatz mit rotem Tartanboden angelegt.

Wenn wir zurückkamen, gab es eine kleine Brotzeit, dann war Stillarbeit angesagt. Hausaufgabenmachen im Aufenthaltsraum. Sr. Augusta saß auf ihrem Stuhl, hat gestrickt oder irgendetwas gestopft, die Sachen mit einer Engelsgeduld aber immer wieder aus der Hand gelegt, wenn jemand eine Frage hatte oder abgefragt werden musste. Hin und wieder war auch ein »Fräulein« dabei, eine Praktikantin aus dem Kindergartenseminar oder eine Erzieherin von der Fachakademie Dillingen, die im Heim ihr Anerkennungsjahr machten. Der Rest des Nachmittags war zur freien Verfügung. Nach dem Abendessen wurde der Frühstückstisch gedeckt, danach spielten wir »Mensch ärgere Dich nicht« oder sahen noch etwas fern. Gegen acht war für die Kleineren Zapfenstreich.

An den Wochenenden radelten wir durch die Umgebung, wanderten nach Schüttentobel bei Ebratshofen, zu den Buchenegger Wasserfällen oder fuhren in die Schweizer Berge. Im Herbst ging es zum Beerenpflücken hinauf zum Hochgrat. Sr. Narzissa säuberte stundenlang Heidel- und Preiselbeeren von Stengeln und Blättern, die sie anschließend zu Marmelade oder Kompott einkochte. Manchmal liefen wir mit den Schwestern auch hinauf zur Alm, die heute nicht mehr bewirtschaftet und anderweitig genutzt wird. Damals gab es dort oben nicht einmal Strom oder fließend Wasser. Für uns waren das allerdings nur kurze Ausflüge, denn die Alm war vor allem ein Rückzugsort für die Schwestern. Wenn sie dort ein paar Tage Urlaub machten und der Platz nicht ausreichte, wurden kurzerhand Zelte aufgeschlagen, in denen sie übernachteten.

In meiner Erinnerung ist der Dezember als ganz besonderer Monat hängengeblieben.

Sr. Narzissa war tagelang damit beschäftigt, Plätzchen und Stollen zu backen, manchmal auch Torten mit viel Schokolade, die sie mit buntem Zuckerguss verzierte. Mal waren es Schneemänner, mal rote Christbaumkugeln oder Zweige mit Kerzen.

Der Nikolaustag war der erste Höhepunkt. Ein »echter« Nikolaus kam, der über jeden von uns informiert war und etwas Charakteristisches zu sagen hatte. Wenn ich mir überlege, wie viele Kinder im Heim wohnten, war allein das eine Heidenarbeit.

Durch nichts zu toppen war Weihnachten. Der Pächter der Landwirtschaft schlug ein paar Tage vor dem Heiligen Abend Tannenbäume, jedes Jahr sechs oder sieben. Wie in einer richtigen Familie gab es pro Wohnung einen eigenen Baum. Von dem Moment an, wo er aufgestellt wurde, war das Wohnzimmer für uns tabu. Sr. Augusta schmückte ihn nachts, wenn wir im Bett lagen.

Am Nachmittag war Gottesdienst. Schon Wochen vorher probten die Musikgruppen für den großen Auftritt. Im Heim gab es einen eigenen Chor, eine Flöten-, eine Orgel- und eine Orffgruppe. Aber auch die Kinder, die kein Instrument spielten oder im Chor sangen, kamen zum Üben in der Turnhalle zusammen. Ärgerlicherweise nicht nur vor Weihnachten. Der Samstagnachmittag war gesetzt für die Probe – und zwar zu einer Uhrzeit, zu der die besten Fernsehsendungen liefen. Sr. Angelia ließ sich da nicht erweichen: »Das Volk muss sei Sach können, nicht nur der Chor. Das klingt ja sonst nicht gut in der Kirche, wenn ihr die Lieder nicht könnt.«

Am späten Nachmittag nach dem Gottesdienst gab es im Tagesraum Würstel mit Kraut. Danach stellten wir uns in einer Reihe vor der Tür des Wohnzimmers auf, bis von drinnen ein Glöckchen ertönte.

Bevor wir uns ans Auspacken machen durften, wurde noch einmal gesungen. Unter dem Baum lagen sorgfältig eingepackte Geschenke, mit kleinen Kärtchen an den Bändern. Wir konnten uns immer etwas wünschen, aber oft wusste Sr. Augusta schon im Vorfeld, was auf der Wunschliste stehen würde.

Bei mir waren es meistens Bücher, später auch Gutscheine, etwa für einen besonderen Wochenendausflug. Sr. Augusta bekam auch immer ein Geschenk von uns. Im Nachhinein weniger schöne als nützliche Dinge –

einen Eimer, Nähzeug, ein neues Bügeleisen. Wenn wir einmal richtig kreativ waren und ihr einen Gutschein über »eine Woche putz- oder spülfrei« geschenkt haben, konnte sie als Arbeitstier das nur schwer annehmen.

# Auf der Höhe der Zeit

Im Fotoalbum von Sr. Angelia bin ich auf ein Bild gestoßen, unter dem geschrieben stand: »Eine neue Ära beginnt, Winter 71/72.« Darauf zu sehen waren unsere Nonnen in Liftanzügen.

*Schlitten fahren konnten wir alle – aber Ski?! Das war schon eine Umstellung. Aber wir wollten das unbedingt. Wir haben uns gesagt, wir wollen mit unseren Kindern all das machen, was die anderen auch machen. Sie sollten nicht zurückstehen müssen. Und wenn sie Ski fahren wollten, dann mussten wir es eben lernen. Wir wollten ihnen ja nicht von unten mit dem Fernglas hinterherschauen, sondern etwas mit ihnen erleben.*

*Die Erste von uns, die sich auf die Bretter gewagt hat, war Sr. Angelia. Am Blasenberg bei Scheidegg, mit Gummistiefeln an den Füßen, weil die Skischuhe nicht gepasst haben. Und im flatternden Habit. Bei einem Haus nach dem anderen gingen die Fenster auf, alle wollten sehen, was da vor sich ging. Aber sie kam heil unten an.*

*Danach haben wir Gruppenleiterinnen einen Skikurs am Hündle gemacht. In den ersten Jahren fuhren wir in unserer Ordenstracht, die wir mit ein paar Stricken zusammenbanden, damit sie nicht so hinter uns herwedelte. Furchtbar. Als wir dann so weit waren, dass wir mit den*

*Kindern fahren konnten, bekamen wir ein Schreiben vom Schulamt, dass wir verpflichtet seien, eine angemessene Dienstkleidung zu tragen. Das galt für das Schwimmen, das Turnen und nun eben auch für das Skifahren. Nach einigem Hin und Her hat die Provinzoberin des Stammhauses in Dillingen zugestimmt. Von da an durften wir im Winter »dem Zweck entsprechende« Kleidung tragen.*

Ich stand mit fünf zum ersten Mal auf den Brettern. Piste treten, dann ein paar Meter fahren und wieder hochstapfen. Das Ganze in Endlosschleife, bis man nur noch Pudding in den Beinen hatte. Den Skikurs machten wir Kinder ebenfalls am Hündle; da gab es einen kleinen Tellerlift, wer weiter hinaufwollte, konnte mit einem Schlepper fahren. Die Strecke zum Berg liefen wir meistens zu Fuß, die Straße entlang, die wenig befahren war. Wenn genug Schnee lag, konnten wir gleich hinter dem Haus die Skier anschnallen und mit viel Anschieben zum Berg rutschen.

Jedes Jahr veranstaltete die Volksschule Oberstaufen einen Skitag; nach dem Abfahrtslauf gab es für alle eine Urkunde, hinterher Würstel aus einer großen Gulaschkanone und Punsch.

Im Sommer hielt die Wasserwacht Schwimmkurse für uns ab. Ich weiß noch, wie alle geschaut haben, als wir das erste Mal mit den Schwestern im Schwimmbad aufkreuzten. Sind sie's, oder sind sie's nicht? Erst als Sr. Angelia zu lachen begann, war klar, die Frauen im Badeanzug waren die Nonnen aus Kalzhofen. Damals habe ich mir darüber keine Gedanken gemacht, im Nachhinein sind diese zwei Geschichten ein weiteres – und nach außen sichtbares – Zeichen, wie sehr diese Frauen auf der Höhe der Zeit waren. Es gab kaum etwas, bei dem sie gesagt hätten: Das können wir nicht tun, das widerspricht unserer Rolle, was sollen denn die Leute von uns denken.

Viele der Gruppenleiterinnen waren jung, höchstens Mitte zwanzig. Über die Gründe, warum sie sich für ein Leben im Kloster entschieden hatten, wurde nicht gesprochen. Später, bei den Salesianern, habe ich den ein oder anderen kennengelernt, für den die Klostermauern ein Schutz waren. Vor dem Leben draußen. Die Nonnen in Kalzhofen aber waren allesamt »gestandene Frauen«, die zum Teil studiert hatten, wie Angelia oder Humiliana und die später, als die Heimschule zumachte, wie »normale« Lehrerinnen auch an der Volksschule unterrichteten.

Wir konnten mit ihnen über alles reden, nicht nur über Probleme, sondern auch über Sexualität. Es konnte schon einmal passieren, dass man bei etwas ertappt wurde, das bei strengen Katholiken als unmoralisch oder sündhaft galt. Für die Schwestern war das nichts, weshalb sie uns hätten ins Gebet nehmen müssen. Bei gemischten Wohngruppen wäre das auch weltfremd gewesen. Wir wurden aufgeklärt, ohne moralischen Zeigefinger, aber immer mit dem Verweis, dass es in Freundschaften oder Beziehungen um Verantwortung geht.

Der Kontakt nach außen, die Einbindung in alles, was im Ort geschah, war den Schwestern ebenfalls sehr wichtig. Wir durften Freunde zum Übernachten mitbringen oder selbst das Wochenende bei den Familien unserer Freunde verbringen. Sie engagierten sich bei den Vereinen vor Ort, feuerten uns auf dem Fußballplatz an oder begleiteten uns zu Wettkämpfen. Ressentiments gegen »die aus dem Heim«, wie es sie bei manchen Einrichtungen gibt, haben wir im Ort nie erfahren. Im Gegenteil – manche Kinder verbrachten ihre Freizeit lieber bei uns, weil immer etwas los war.

## Alles mit links

Nachdem die Volksschule Oberstaufen fertiggestellt war, wurde die Heimschule aufgelöst. In die Räume im Erdgeschoss zogen nach einem Umbau die Kinder und Schwestern aus dem Vetterhaus ein. Für uns hieß das: etwas früher aufstehen, ein längerer Schulweg, neue Lehrer und zum Teil neue Klassenkameraden. Ich wechselte zur dritten und kam in die Klasse von Evi Stölzle, einer jungen Frau Ende zwanzig, die im Rahmen ihrer pädagogischen Ausbildung ein Praktikum bei uns absolviert hatte. Ich weiß noch, dass ich ganz stolz und glücklich war, weil ich sie schon kannte.

Evi wurde zu meiner wichtigsten Bezugsperson neben Sr. Augusta. Dass sie es gewesen war, die das alles überhaupt erst eingefädelt hatte, habe ich erst vor einigen Jahren erfahren. Bis dahin hatte ich gedacht, ich sei von Evi ohne fremdes Zutun »ausgesucht« worden. Dass es ein wenig anders gewesen war, hat mir nicht weh getan, im Gegenteil. Weil es zeigt, wie weit die Schwestern gedacht haben, wie weit ihre Fürsorge ging.

Wir hatten im Heim Kinder, die Verwandte in der Nähe hatten, oder in den Ferien – sofern das Jugendamt zustimmte – zu ihren Familien fuhren. Ich hatte niemanden außerhalb des Heims, den ich besuchen konnte. Sr. Augusta war der Meinung, das müsse sich ändern;

außerdem könne ein Ansprechpartner von »außen« nicht schaden. Deshalb hatte sie sich an meine Lehrerin gewandt, und die hatte ja gesagt, sich um mich zu kümmern.

Evi war eine ganz besondere Frau, nicht nur optisch. Als Kind hatte sie den rechten Arm verloren, ihr Mann Bernd flachste manchmal, seitdem mache sie eben alles mit links. Als Lehrerin hat sie uns gefordert, war aber gleichzeitig sehr gütig und vor allem gerecht. Und sie hat ihre Arbeit mit einem unglaublichen Idealismus angepackt. Sie hat sich um alle gekümmert, damit keiner durchrutscht, hat sich auch am Nachmittag Zeit genommen, um mit lernschwächeren Kindern zu üben. Sie hat nie einen von uns aufgegeben, nie etwas persönlich genommen. Einmal hat sie zu mir gesagt: »Kinder können mich gar nicht enttäuschen, Erwachsene schon.«

Bei Bernd, der damals noch mitten im Medizinstudium steckte, und Evi hatte ich ein zweites Zuhause. Eine zweite Familie, im eher klassischen Sinn. Als Evi vor einiger Zeit an Krebs starb, hat mich das ziemlich mitgenommen. Sie war einfach immer da gewesen, hatte mich in allem unterstützt.

Jedes Jahr Weihnachten besuchen wir Bernd. Wir gehen gemeinsam in die Kirche, danach gibt es Rindsrouladen. Wie früher. Gegen Abend fahren wir zu Evis Bruder und dessen Familie. Mit deren Kindern bin ich aufgewachsen, sie waren für mich wie Cousins und Cousinen. Evi und Bernd selbst hatten nie eigene Kinder, sie hatten mich. Auch das ist eine seltsame Parallele zwischen ihrem damaligen und meinem heutigen Leben.

Sr. Augusta, vor allem aber Evi, der ich sozusagen als

»Auftrag« übergeben wurde, hatten eine Bedingungslosigkeit in der Art, wie sie mich unterstützen, dass ich heute noch manchmal schlucken muss, wenn ich daran denke. Für Alex war Evi von Anfang an ganz selbstverständlich »die Oma«. Die beiden hatten vom ersten Moment an eine tiefe Bindung. Als er sich nach ihrem Tod ein Tattoo stechen ließ, zur Erinnerung, war das noch einmal ein ganz besonderes Zeichen, wie sehr er sich mit meinem Lebensumfeld identifizierte, wie sehr er in diesem neuen Leben angekommen war.

Meine »Oma« war die Mutter von Sr. Angelia, die ich aus dem Heim kannte und die nach Evi in der fünften und sechsten meine Lehrerin wurde. Mit Angelias Eltern hatte ich, als ich noch kleiner war, einige Ferien verbracht; die Leute haben uns manchmal irritiert gemustert, wenn ich als »Exotenkind« an der Hand eines älteren Ehepaares über einen Marktplatz hüpfte. »Lass sie doch gucken!«

*Wir haben das immer mal wieder gemacht, dass wir Kinder aus dem Heim mit in unsere Familien genommen haben. Sofern das Jugendamt zugestimmt hat, das musste ja alles abgesichert sein, auch wegen der Versicherungen. Dass daraus dann aber so eine enge Beziehung entstanden ist, über Jahre, das war eher die Ausnahme. Ich kann mich noch an ein Treffen erinnern, Jahre nachdem Carlos aus Kalzhofen weg war. Meiner Mutter ging es damals nicht gut, und das hat ihn richtig umgetrieben. Wenn mit der Oma was ist, dann will ich das wissen. Dass du mich bloß verständigst. Er war dann auch bei der Beerdigung da. Das fand ich schon bemerkenswert nach der langen Zeit, aber die Oma war eben die Oma. Wobei er ja eine leibliche hatte, die sogar ein, zwei Mal bei uns im Heim war und von der zu Weihnachten oder zum Geburtstag manchmal Briefe kamen. Mit einem spanischen Lotterieschein drin, als Geschenk. Etwas seltsam für ein Kind, zumal er ihn hier ja nicht einlösen konnte.*

An meine erste Begegnung mit meiner leiblichen Oma kann ich mich kaum erinnern. Ich weiß auch nicht, wann sie von meiner Existenz erfahren hatte.

Jedenfalls kam sie eines Tages mit meinem Onkel Pepito und meiner Tante Maria Pilar nach Kalzhofen. Wir gingen spazieren und anschließend in einem Lokal essen. Sie haben sich »um mich bemüht«, wie man so schön sagt, und wollten mich nach Spanien holen. Das Jugendamt hatte keine grundsätzlichen Einwände, wollte aber sicherstellen, dass es funktionierte. Mitte der siebziger Jahre verbrachte ich zum ersten Mal die Sommerferien in Madrid. Ich war zwölf Jahre alt. In einem Schreiben an das Jugendamt, auf das ich erst jetzt in meiner Heimakte gestoßen bin, heißt es:

»Carlos war ca. sechs Wochen in Spanien bei seinen Verwandten. Wenn er auch mit sehr gemischten Gefühlen die Reise antrat und anfänglich in Spanien sehr unter Heimweh litt, so hat es ihm in den letzten Wochen gut gefallen. Das größte Hindernis für ein besseres Eingewöhnen war die schlechte Verständigungsmöglichkeit. (…) Um die spanische Sprache besser zu erlernen, besucht er wöchentlich den spanischen Unterricht in Immenstadt. (…) Mit Carlos ist sehr eindringlich besprochen worden, dass Ihnen [dem Amt] sehr daran gelegen ist, ihn in Spanien unterzubringen. Dazu gibt er aber noch nicht sein volles Einverständnis.«

Beim ersten Mal war ich in einen Flieger gesetzt worden, in den darauffolgenden Ferien in einen Fernbus. Alles war bestens vorbereitet, alle kümmerten sich um mich, und ich fand es abenteuerlich, diese lange Reise anzutreten. Die verschiedenen Landschaften, die am Fenster vorbeizogen, die Leute im Bus, einfach alles. Aber nur in dem Wissen, in ein paar Wochen wieder daheim zu sein. Heimweh hatte ich immer, spätestens nach einer Woche gab es Stress deswegen.

Hinter den Kulissen wurden derweil die Fäden gezogen. Von Amts wegen war grünes Licht für die »Familienzusammenführung« gegeben worden.

Im ersten Moment muss ich gedacht haben: ein weiteres Abenteuer. Ich kannte sie ja von den Ferien und verstand mich auch gut mit meinen Cousins und Cousinen. Als wir aber auf dem Weg nach München-Riem waren, wurde ich mit jedem Kilometer stiller. Sr. Augusta blickte immer wieder besorgt zur Seite, als ahne sie, dass da noch etwas kommen würde. Auf dem Flughafen, an dem wir viel zu früh angekommen waren, begann ich zu brüllen. »Ich geh da nicht hin! Was soll ich da?! Ich will hierbleiben!«

Der Sozialarbeiter, der für Migranten im Oberallgäu zuständig war, wurde eilends aus Augsburg gerufen. Wenn das Kind sich so aufführe, könne man es nicht in den Flieger setzen. Auf ein Neues, demnächst, aber nicht heute. Auf der Rückfahrt konnte ich kaum aus den Augen schauen, wegen der ganzen Heulerei, aber als der Große Alpsee auftauchte, war ich selig. Ein Sehnsuchtsort, der für mich damals mit allem aufgeladen war, was Leben bedeutete. Was mein Leben war.

Auch der zweite Versuch mit Spanien scheiterte, wenngleich weniger dramatisch. Ich hatte die Schule inzwischen abgeschlossen, die Zusage für eine Lehrstelle – und das reichte für das Jugendamt, um weitere Bemühungen einzustellen. In absehbarer Zeit würde ich auf eigenen Füßen stehen können. Die Ausbildung war für mich das wichtigste Argument gegen eine Übersiedlung nach Spanien. Zu Bepe und Maria Pilar habe ich heute noch hin und wieder Kontakt. Über meine Mutter haben sie nie ein Wort verloren. Im Heim und auf dem Jugendamt war nur bekannt, dass sie seit 1969 unbekannt verzogen sei. Aber auch davon wusste ich damals nichts. Ich bin deswegen nicht verbittert, weder heute, noch war ich es damals.

*Carlos war immer sonnig, trotz allem. Er hat nie gefragt: Wo ist mein Vater, wer ist mein Vater? Wo ist die Mutter? Er hat immer alles angenommen. Man muss schon staunen, wie er das alles weggesteckt hat.*

Ich weiß nicht, ob ich es angenommen oder weggesteckt habe, wie Sr. Augusta es vor einigen Monaten formulierte. Ich würde eher sagen: Es war einfach so. Es spielte letztlich keine Rolle. Und ich bin gottfroh, dass es so gewesen ist. Weil mir in Kalzhofen nichts gefehlt hat. Weil ich in jedem Augenblick wusste, dass hier meine Wurzeln waren. Ich weiß noch, dass ich viel später Schwierigkeiten mit dem Satz hatte: Ich bin im Heim aufgewachsen. Weil die Gesellschaft sofort denkt: Warum war der dort? Oder: Das muss ja ganz schlimm gewesen sein. Manchmal hab ich dann gesagt, ich wohne in Lindau bei der Evi. Als ich ihr das einmal erzählte, sagte sie: Warum meinst du, dass du dich wegen des Heims verstecken müsstest?

Sie hat mir mit diesem ebenso einfachen wie klaren Satz die Augen geöffnet. Mit links eben.

# Umwege

*Wenn ich von etwas überzeugt bin, für etwas kämpfe, und es ließe sich nicht mit dem vereinbaren, was ich gerade tue, würde ich aufhören. Wenn etwas Neues kommt, an das man glaubt, und es ist das Alte, das dich daran hindert und sonst nichts, dann muss man das Alte hinter sich lassen. Sonst kann man sich nie verändern.*

Carlos Benede

Mein Lebenslauf ist einer, der auf den ersten Blick viele Sprünge aufweist. Einer, der nicht geradlinig verlaufen ist, bei dem sich am Ende aber doch alles irgendwie gefügt hat und das eine ohne das andere nicht denkbar wäre.

Zur Polizei bin ich auf Umwegen gekommen. Erst mit Mitte zwanzig, als sogenannter Spätanwärter. 1979 verließ ich die Hauptschule in Oberstaufen mit dem Quali in der Tasche, neun Jahre Schule waren zu Ende. Ich war weder besonders gut noch besonders schlecht, notenmäßig unauffällig, irgendwo im Mittelfeld, weil ich auch nie mehr getan hatte als notwendig.

Noch vor den Abschlussprüfungen hatten wir in der Schule mehrfach Besuch von Leuten vom Arbeitsamt bekommen, die ausloten wollten, wo die berufliche Reise für jeden von uns hingehen sollte. Ich hatte nicht wirklich einen Plan, nur dass ich etwas mit Menschen machen wollte, das wusste ich. Weil ich außerdem ein Händchen für Zahlen hatte, entschied ich mich für eine Ausbildung zum Einzelhandelskaufmann. Ich bewarb mich auf verschiedene Lehrstellen im näheren Umland, aber auch in München. Als von dort eine Zusage kam, war klar, dass ich dem Allgäu den Rücken kehren würde.

Auch wenn ich mir heute nicht mehr vorstellen könnte, dort zu leben – damals ist mir der Weggang schwergefallen. Sicher, München hatte alles zu bieten, was man sich vorstellen konnte. Aber meine Heimat war Kalzhofen, die Umgebung von Oberstaufen, da hatte ich meine Wurzeln. Schon früher hatte ich jedes Mal, wenn ich etwa während der Ferien länger weg war, nach ein paar Tagen brutales Heimweh. Daran änderte sich auch während meiner Lehrzeit nichts. Wann immer es möglich war, fuhr ich an den Wochenenden oder wenn ich ein paar Tage freihatte mit dem Zug nach Hause. Im Heim gab es ein freies Zimmer für »Ehemalige«, in dem ich übernachten konnte.

Sr. Augusta, zu der ich die engste Bindung hatte und bis heute noch habe, sagte einmal: »Alles andere wäre ja eine Unverschämtheit. Wir können euch doch nicht zehn, fünfzehn oder noch mehr Jahre hierhaben und euch dann von einem Tag auf den anderen an die Luft setzen. Das macht man nicht in einer Familie.«

Und genau das waren wir. Eine große Familie. Wenn die anderen Lehrlinge davon erzählten, dass sie am Wochenende oder während der Ferien nach Hause fuhren, konnte ich das mit gutem Gewissen auch sagen.

Sr. Augusta begleitete mich zum Vorstellungsgespräch in München und kümmerte sich um eine Unterkunft. Weil ich minderjährig war, bezog ich ein Zimmer bei den Salesianern Don Boscos am St.-Wolfgangs-Platz in Haidhausen. Wir waren eine buntgemischte Truppe, die meisten waren Lehrlinge oder Blockschüler, die es aus ganz Bayern nach München verschlagen hatte. Viele große Arbeitgeber wie Siemens, die Post oder die Bundesbahn brachten ihre Auszubildenden dort unter. Mit Religion hatten die wenigsten meiner Mitbewohner etwas am Hut, das war auch keine Voraussetzung für eine Aufnahme. Die Salesianer, die ich bis dahin als Orden nicht weiter gekannt hatte, waren sehr engagiert in der Jugendarbeit und boten mit ihrem Wohnheim einfach eine günstige Unterkunft mit Betreuung, sofern nötig. Alle waren freiwillig hier, bei keinem von uns war die Unterbringung etwa von Amts wegen angeordnet worden.

Das Salesianum stand zwar unter katholischer Leitung, es gab aber auch viele weltliche Betreuer – Sozialpädagogen und Erzieher in Ausbildung, die hier ihr Anerkennungsjahr absolvierten. Die Teilnahme an Gottesdiensten war freiwillig, nur im Umfeld von großen kirchlichen Feiertagen wie Ostern oder Weihnachten sollten wir möglichst vollzählig erscheinen. Ich habe das immer gerne gemacht, weil ich es aus Kalzhofen kannte und sich die Ordensbrüder alle Mühe gaben, dass es nicht langweilig wurde. Außerdem waren die Feste hinterher einfach klasse.

Überhaupt hatten wir viele Freiheiten, die Tage waren nur insofern strukturiert, als es gemeinsame Mahlzeiten und regelmäßige Gruppenabende gab, in denen über Termine, Veranstaltungen wie die Heimolympiade, aber auch über Probleme gesprochen wurde. In unserer freien Zeit konnten wir kickern, Billard spielen – alles, was man sich vorstellt. Sogar ein eigenes Schwimmbad gab es.

Mehrmals im Jahr fanden die sogenannten Elternsonntage statt, meist zu bestimmten Anlässen wie dem Don-Bosco-Fest. Am 31. Januar feiern die Salesianer auf der ganzen Welt den Namenstag des heiligen Johannes Bosco. »Fröhlich sein, Gutes tun und die Spatzen pfeifen lassen« – das war einer der Leitsprüche des Ordensgründers, und genau so habe ich meine Zeit bei den Padres im Salesianum erlebt. Zum Don-Bosco-Fest wurde die Turnhalle schon Tage vorher dekoriert und zum Theatersaal umgewandelt. Einer unserer Ordensbrüder hatte eine Schwäche für Karl Valentin, dessen Stücke regelmäßig auf dem Programm standen. Vor dem Rampenlicht der Bühne habe ich mich immer erfolgreich drücken können, das ist nichts für mich. Ich war lieber im Hintergrund tätig und habe irgendetwas organisiert.

Zu den Veranstaltungen kamen Eltern, Verwandte und Freunde – und die Nonnen aus Kalzhofen. Nicht alle, aber unsere »Mütter« waren jedes Mal dabei. Außer mir war noch ein weiterer Kalzhofener im Salesianum untergebracht. Wenn ich an den Wochenenden nach Hause fuhr, machte mir Sr. Augusta die Wäsche, bügelte die Hemden, später die Uniform, da ließ sie nicht mit sich diskutieren. Und sie gab mir eine Brotzeit für die Zugfahrt und Berge von Süßigkeiten mit, »damit du über die Woche kommst«.

Meine Lehre bei Schuh Klein, einem Traditionshaus in der Münchner Altstadt, durchlief ich mal mit mehr, mal mit etwas weniger Engagement. Nicht weil es mir keinen Spaß gemacht hätte. Ich mochte den Kontakt zu Kunden, aber dass ich das die nächsten fünfzig Jahre machen würde, konnte ich mir nicht vorstellen. Ich weiß nicht, ob es daran liegt, dass ich immer wieder neue Herausforderungen brauche oder ob Sr. Augusta recht hat mit ihrer Einschätzung:

*Die Zeit im Salesianum hat ganz viel in ihm bewirkt. Da hat etwas zu wachsen begonnen in ihm, eine ganz andere Zielstrebigkeit. Vorher hat er »sei Sach gemacht«, aber auch nicht mehr. Dort sind ihm die Augen aufgegangen, dass es da draußen ganz viel gibt, was er noch machen könnte. Allein, dass er die ganzen Schulen durchgezogen hat ... Und da ist niemand hinter ihm gestanden, der gesagt hätte: Das musst du jetzt machen. Das kam von ganz allein.*

Ganz aus dem Blauen heraus kam mein Entschluss, nach der Lehre weiterzumachen, sicher nicht. Die Salesianer hatten daran einen entscheidenden Anteil. Die Ordensleute und die weltlichen Mitarbeiter handelten bei der Jugendarbeit nach dem Motto: Nicht mit Strafe, mit Güte und Offenheit wirst du sie zu Freunden gewinnen. Ganz im Sinne ihres Ordensstifters verfolgten sie eine Pädagogik der Vorsorge, die auf drei Säulen fußte. Dem Aufbau von Beziehungen durch Vertrauen, dem Glauben an Vernunft und Einsichtsfähigkeit und einem offenen, menschlichen Umgang miteinander.

Das war kein hohles pseudopädagogisches Geschwafel aus irgendwelchen theoretischen Abhandlungen, das wurde tatsächlich gelebt. Mit einer Bedingungslosigkeit und tiefen Überzeugung, die ich in dieser Form auch von den Dillinger Franziskanerinnen kannte. Auch bei den Ordensschwestern ging es nicht um Betreuung nach Dienstplan, für ein paar Stunden, sondern um wirkliche Begleitung. Es wurde nicht nach Lehrbuch erzogen, sondern individuell auf die Bedürfnisse der einzelnen Jugendlichen zugeschnitten. Wir wurden wahrgenommen und angenommen mit unseren Stärken und Schwächen, nicht zurechtgebogen.

Pater Muck, der Leiter des Jugendwohnheims, fragte mich nach einiger Zeit, ob ich mir nicht auch vorstellen könne, etwas mit Jugendlichen zu machen. Ich hätte einen Draht zu ihnen, würde mit dem Herz in der Hand auf sie zugehen, nicht nur mit dem Verstand. Und ich wisse aufgrund meiner eigenen Erfahrung, worauf es ankäme.

Bis ich tatsächlich eine Entscheidung für die »Ochsentour« getroffen hatte, dauerte es allerdings noch. Ich schloss die Lehre ab, arbeitete tagsüber im Schuhladen und drückte ein Jahr lang abends die Schulbank. Berufsaufbauschule, mittlere Reife. Dann folgten zwei Jahre Büffeln an der Katholischen Fachakademie für Sozialpädagogik. Meine Zeit im Einzelhandel war damit beendet; Pater Muck hatte mir angeboten, im Salesianum einen frei gewordenen Posten als »Gruppenhelfer« anzunehmen, damit ich praktische Erfahrungen sammeln konnte. Als eine Art ehrenamtlicher Betreuer war ich zuständig für die Jungs im ersten Lehrjahr. Kost und Logis waren frei, ich war ja inzwischen volljährig und hätte das Wohnheim ohne meine Tätigkeit als Betreuer verlassen müssen. Auf der Akademie lernte ich theoretische Grundlagen, besuchte Kurse in Didaktik und Methodenlehre, Psychologie und Pädagogik, aber auch staubtrockene Seminare, in denen es um Hilfeplanverfahren, Bedarfsanalysen und Betreuungskonzepte ging. Schema F, Schubladen, in die man verhaltensauffällige Jugendliche von Amts wegen zu stecken hatte.

Manchmal dachte ich, diese ganzen starren Systeme,

das ist doch Quatsch, das kann den Leuten doch nicht gerecht werden. Natürlich braucht es in jeder Gemeinschaft eine gewisse Ordnung, aber innerhalb dieses Rahmens muss es Freiräume geben, sich zu entwickeln. Der Ursprung von allem ist für mich Toleranz. Gegenüber anderen Menschen, gegenüber anderen Formen des Daseins. Wenn sich ein Kind nicht nach unseren Vorstellungen entwickelt, sollten wir unsere Vorstellungen korrigieren und nicht das Kind. Nur um es in ein System zu pressen, das in meinen Augen viel zu stromlinienförmig ist. Das ist nicht immer leicht, und vor allem braucht es Zeit. Und die ist in vielen Jugendeinrichtungen und Heimen schlicht nicht da. Wenn einer aus dem Raster fällt – das von der Institution gesetzt wird –, dann passt er nicht hierher, dann muss er eben gehen. Das ist einfacher, als sich selbst, seine eigene Erwartungen oder gar das ganze System zu hinterfragen.

Bevor ich mich staatlich geprüfter Erzieher nennen konnte, musste ich ein Anerkennungsjahr absolvieren. Es gab verschiedene Stellen, die ich ins Auge gefasst hatte, am Ende war es reiner Zufall, dass ich nach Regensburg kam. Das Münchner Salesianum war Sitz des Provinzialats, also der Verwaltung des deutschen Ordensablegers. Der Provinzial besucht in regelmäßigen Abständen die verschiedenen Einrichtungen im ganzen Land.

Nicht lange nach meinen theoretischen Prüfungen wurde ich gebeten, den Provinzial zu fahren. Im Auto fragte er mich ein wenig aus, was ich machen würde, wie ich mir meine Zukunft vorstellte. Ich erzählte ihm, dass ich gerade die Fachakademie beendet hätte und nun auf der Suche nach einer Praktikumsstelle für mein Anerkennungsjahr sei. Er erwähnte, dass bei den Salesianern in Regensburg ein Platz frei sei, mal sehen, was sich machen ließe.

Nach dem Anerkennungsjahr bekam ich eine feste Anstellung als Erzieher und Gruppenpädagoge im Jugendwohnheim Don Bosco. Eine Zeit, in der ich kurz überlegte, in den Orden einzutreten. Aber letztlich hätte das für mich nicht gepasst. Die Vorstellung hatte etwas von Eingesperrtsein – nicht räumlich, sondern geistig. Die Amtskirche setzt sich in ihrer Autorität absolut, man hat Dinge zu befolgen, nicht zu hinterfragen, das ist Teil der Gehorsamsübung. Vieles ist schlicht nicht mehr zeitgemäß, folgt einer verstaubten und oft doppelbödigen Moral. Vor den Ordensleuten, die wirklich an der Basis arbeiten, habe ich bis heute einen Riesenrespekt. Aber angesichts der Herren, die ganz oben sitzen wie die Maden im Speck und keine Ahnung haben, wie es da draußen zugeht, und sich dennoch ein Urteil anmaßen und die Richtung vorgeben, da geht mir wirklich das Messer in der Tasche auf. In diesem System ein weiteres kleines Rädchen zu sein, das es damit indirekt noch am Laufen hält, das konnte es nicht sein. Zwei meiner Freunde aus Kalzhofen traten später tatsächlich in einen Orden ein; ich für mich habe damals entschieden, dass ich das, was mich geprägt hat und was ich weitergeben wollte, auch ohne Kirchengewand tun konnte.

# Erzieher in Uniform

Im Don-Bosco-Heim Regensburg lernte ich damals Siegfried Hofer kennen, der bis heute eine wichtige Rolle in meinem Leben spielt und dem ich indirekt auch meinen Wechsel zur Polizei zu verdanken habe. Wir waren zwei Freigeister, die etwas bewegen wollten. Es gab offizielle Dienstzeiten, aber da wir anfangs auch im Don-Bosco-Heim wohnten, waren die Übergänge fließend. Und die Jugendlichen wussten auch, wo sie uns finden konnten, wenn die Arbeit eigentlich beendet war. Mein Zweitbüro, wie Sigi das formulierte, war beim Griechen nebenan. Ich mag es, den Tag noch mit Kollegen ausklingen zu lassen, zusammenzusitzen und zu reden. Unter Leuten zu sein, die wissen, womit man seinen Tag verbracht hat. Das hilft auch dabei, einen Abstand zu schaffen und nicht alles, was man erlebt hat, ungefiltert mit nach Hause zu nehmen.

Von Montag bis Freitag gab es zwischen 15 und 22 Uhr einen offenen Jugendtreff mit verschiedenen Freizeitangeboten. Sigi gab dort Gitarrenunterricht; da ich selbst spiele, sprang ich manchmal für ihn ein, oder wir schmissen die Stunde gemeinsam. Einer unserer Schüler war der Sohn eines Kriminaldirektors. Und der wollte uns unbedingt kennenlernen. Ich dachte mir nichts weiter dabei, »Elternarbeit« gehörte zu unserem Job. Ungewöhnlich war, dass wir nicht nach Hause eingeladen, sondern zur Dienststelle gebeten wurden. Dort ging es nur am Rande um den Buben, schnell waren wir beim Thema Polizeiarbeit.

In Regensburg betreuten wir eine ganze Reihe von Jugendlichen, die als schwer erziehbar galten oder schon einiges auf dem Kerbholz hatten. Die Polizei stand regelmäßig auf der Matte. Die Art, wie die Polizisten teilweise mit den Jugendlichen umgingen, die Methoden, die sie im Gespräch anwandten, hatten bei Sigi und mir schon des Öfteren für Diskussionen gesorgt. Das musste doch auch anders gehen, ohne dass man nur die harte Autoritätsschiene fuhr. Am Ende unseres Gesprächs überraschte uns der Kriminaldirektor mit der Frage, ob wir nicht zur Polizei kommen wollten. Als Altanwärter. Solche wie uns, die fähig wären, über den Tellerrand hinauszuschauen, könnten sie gut gebrauchen.

Sigi lehnte gleich dankend ab, in mir hat die Idee gearbeitet. Eigentlich kam sie zur Unzeit. Ich hatte mir überlegt, beruflich noch einmal aufzusatteln, Religionspädagogik mit Sozialkunde im Nebenfach zu studieren und Berufsschullehrer zu werden. Ich hatte mich sogar schon um einen Studienplatz in Eichstätt beworben und ein Praktikum absolviert. An einer Berufsschule in der Oberpfalz. Es hatte ordentliches Gerede gegeben. Ein Schwarzer! In der Provinz! Und der will jetzt Lehrer werden? Mich hat das eher amüsiert als abgeschreckt. Knackpunkt war eher schon die Frage, ob ich wirklich einer bin, der theoretisches Wissen vermitteln will. Der ganze Didaktiksums war mir schon auf der Fachakademie nicht grün gewesen.

Dass sie mich bei der Polizei nehmen würden, daran habe ich nicht ernsthaft geglaubt. Ich trug eine Brille, war dunkelhäutig und 26 Jahre alt. Was sollten die mit einem wie mir, einem Erzieher, wollen? Trotzdem fuhr ich nach Nürnberg, um die ganzen Eignungstests zu durchlaufen. Und dann flatterte ein Schreiben auf den Tisch, dass ich als Polizeihauptwachtmeisteranwärter bei der Bereitschaftspolizei meine Ausbildung beginnen könne. Bulle statt Lehrer, Uniform statt Zivil, Kaserne statt Studentenbude. Ich kann nicht sagen, was genau mich geritten hat, als ich zusagte. Sigi hat mich für verrückt erklärt, Sr. Augusta war am Telefon ganz wortkarg.

*Als er zu mir gesagt hat, du, ich geh jetzt zur Polizei, hab ich mich richtig erschrocken. Ja du lieber Gott, hab ich mir gedacht, was soll denn das werden? Mit der Polizei will doch niemand was zu tun haben. Nachdem ich aufgelegt hatte, habe ich noch einmal in Ruhe nachgedacht. Vielleicht war es ja ganz gut, wenn einer, der so anders ist, so anders denkt, dorthin geht. Am Ende habe ich ihn zurückgerufen und gesagt: »Du wirst schon das Richtige machen.«*

Am 1. März 1989 rückte ich in die Polizeikaserne Eichstätt ein – ein reiner Ausbildungsbetrieb für die mittlere Beamtenlaufbahn. Wir waren ein bunt gemischter Haufen, wobei ich von den Altanwärtern einer der ältesten war und der einzige mit sozialpädagogischem Hintergrund. Einer aus der »Psycho- und Laberecke«, da hatte ich bei manchen der neuen Kollegen gleich einen Stempel weg. Und anders als bisher fing ich mir nun manchmal auch Sprüche wegen meiner Hautfarbe ein. Einmal sprühten mir irgendwelche Idioten sogar Hakenkreuze aufs Auto. Ironie des Schicksals, dass mir ausgerechnet mein Aussehen später die Tür zum LKA öffnete. Dort gab es unter den Kollegen allerdings auch ein paar, die nicht damit klarkamen, dass ich zu ihnen gehörte. Ich erinnere mich noch an einen Vorfall vor dem Aufzug. Als die Tür aufging und ich hineingehen wollte, blaffte mich einer an: »Nur für Weiße.« Ehe ich einen Schritt tun konnte, schob sich die Lifttür vor meiner Nase zu.

Ich habe versucht, die latenten und teils offenen rassistischen Ressentiments nicht an mich heranzulassen, zumal ich Superausbilder hatte, die hinter mir standen. Nur einmal kamen mir in dieser Zeit Zweifel, ob ich hier wirklich richtig war: als wir den Dienst an der Waffe üben mussten. Die Waffe in die Hand zu nehmen, sie auseinanderzubauen, zu reinigen, oder auch sie zu laden – das alles war nicht weiter schlimm. Als ich dann aber in einer Reihe am Schießstand stand und auf Kommando abdrücken musste, war das ein komisches Gefühl. Ich hatte Kollegen, die deswegen aufgehört haben. Einige schon in der Ausbildung, andere später, nachdem sie tatsächlich in die Situation gekommen waren, auf einen Menschen schießen zu müssen. Ich kenne viele, die das richtig traumatisiert hat und die trotz psychologischer Betreuung nicht darüber hinwegkamen. Natürlich gibt es auch ein paar hirnlose Machos, die wegen der Waffe zur Polizei gehen und sich Wunder wie toll fühlen. Ich habe immer gehofft, dass ich sie nie einsetzen muss.

Nach einem Jahr Ausbildung war ich Polizeioberwachtmeister, nur anderthalb Jahre später kam eine Anfrage vom Bayerischen Landeskriminalamt. Die Mauer war gefallen, die Grenzen zum Osten offen – für Kriminelle ein Einfallstor und eine Riesenchance, für die Polizei eine Herausforderung. Drogenhandel, Prostitution, organisierte Kriminalität, all das hatte seit dem Zusammenbruch des Ostens sprunghaft zugenommen.

Im ersten Moment dachte ich: Wahnsinn! Andere müssen zehn, fünfzehn Jahre schuften, bevor sie die Möglichkeit bekommen, zur Kripo zu wechseln. Ein tolles Gefühl, wenngleich ich reichlich blauäugig und ohne konkrete Vorstellungen, was auf mich zukommen würde, an die Sache herangegangen bin.

Ich sollte als verdeckter Ermittler eingesetzt werden, im operativen Bereich. Ich sah nicht aus wie ein bayerischer Polizeibeamter, keiner würde damit rechnen, dass ich ein Bulle war. Über meine Arbeit in dieser Zeit und in dieser Funktion darf ich nicht sprechen, nur so viel: Es war beinhart. Jeder von uns hatte einen gepackten Koffer im Büro, man musste jederzeit einsatzbereit sein, egal wo, egal für wie lange. Wenn ich morgens aus dem Haus ging, wusste ich nie, ob ich am Abend wieder daheim sein würde. Niemand durfte etwas wissen, das, was man erlebte, musste man mit sich ausmachen.

Nach fünf Jahren war ich durch, meine Beziehung im Eimer. Ich wollte dieses Leben auf dem Sprung und ständig unter Strom nicht mehr führen, zumal das Risiko, aufzufliegen, größer wurde, je länger man dabei war.

Im Herbst 1996 beantragte ich meine Versetzung. Ich kam ins Polizeipräsidium München; meine neuen Einsatzorte waren nun vor allem Raverpartys, die Techno-Clubszene, in der Ecstasy und all die anderen synthetischen Drogen grassierten. Vor allem an den Wochenenden führten wir Razzien durch, häufig draußen in Riem, wo auf dem alten Flughafengelände Discos eröffnet hatten. Die Dealer, die uns dabei ins Netz gingen, waren meist kleine Fische, die den Job machten, um sich von dem Geld selbst Drogen kaufen zu können. Der klassische Kreislauf: Die Finanzierung der eigenen Sucht führt zu Beschaffungskriminalität. Wenn das Dealen nicht mehr reicht, folgen Diebstähle, Einbrüche – die ganze Palette.

Das Schlimmste für mich war, dass der Weg, den diese jungen Leute eingeschlagen hatten, so absehbar war. Es waren immer wieder dieselben, die wir aufgriffen, immer wieder die gleichen Geschichten, die sie uns erzählten.

Ich bin damals ziemlich ins kalte Wasser geschmissen worden, denn ich hatte kaum Erfahrungen, was Vernehmungen anging. Und dann sitzen diese Kids vor dir, immer wieder dieselben. Und du ertappst dich bei dem Gedanken: Armes Schwein. Wie weit kann der noch sinken? Was hat den dazu gebracht, was kriegt der noch mit? Wenn ich ehrlich bin, haben mich diese Fragen mehr interessiert als die, von welchen Hintermännern sie die Pillen oder irgendwelches anderes Zeug herhatten. Ich war in einem inneren Zwiespalt, der sich beim LKA langsam abgezeichnet hatte und nun immer deutlicher wurde. Als Polizeibeamter mochte das, was ich in diesem Kommissariat tat, erfolgreich gewesen sein – erfüllend für mich als Menschen war diese Arbeit nicht.

Mein Vorgesetzter hat in solchen Momenten immer wieder zu mir gesagt: »Carlos, du sollst die einsperren, du musst ihnen nicht helfen. Das ist nicht dein Job, du bist kein Sozialarbeiter.« Trotzdem schickte er mir mit schöner Regelmäßigkeit die jungen Wiederholungstäter. Wer weiß, vielleicht findet der Benede doch einen Hebel, dass der irgendwann nicht mehr hier auftaucht und die Kurve kriegt.

Ich weiß nicht, ob ich diesen Hebel tatsächlich beim ein oder anderen gefunden habe – jedenfalls habe ich mich reingehängt, immer wieder Kontaktadressen zum Jugendamt besorgt, nicht lockergelassen. Aber die Zweifel, ob das, was ich hier tat, sinnvoll war, blieben. Vorher beim LKA war es leichter gewesen, die Distanz zu den Tätern zu wahren. Das waren alles knallharte Typen, große Nummern in ihrem Metier. Oder hielten sich zumindest dafür. Die, mit denen ich jetzt zu tun hatte, waren da oft eher hineingerutscht, hatten einen Schritt in die falsche Richtung gemacht. Dieser eine Schritt war der einzige, der sie von den Jugendlichen und jungen Erwachsenen unterschied, die ich ein paar Mal die Woche abends betreute. Und manchmal war der einzige Unterschied der, dass einige die Chance bekamen, unterstützt zu werden, während die anderen eben nicht rechtzeitig Hilfe erhielten.

Wie viele Polizisten hatte ich damals einen Nebenjob. Ich hatte mich bei einer Jugendeinrichtung auf eine Nachtdienststelle beworben. Als die Leiterin meinen Lebenslauf durchgesehen hatte, fragte sie mich, ob ich dort nicht als Betreuer arbeiten wolle. Meine Tätigkeit in einer Wohngemeinschaft für junge Menschen lief unter dem Kürzel ISE, Intensive sozialpädagogische Einzelbetreuung. Ein Modell, bei dem ein staatlicher oder sozialer

Träger ganz normale Wohnungen anmietet, in denen »jungen Menschen aufgrund besonderer Problemlagen eine längerfristige und besonders intensive Betreuung zur Bewältigung einer krisenhaften Lebenssituation zuteilwird«, wie es in einem Merkblatt des Bayerischen Landesjugendamtes heißt. Mit anderen Worten: Hier kamen eine ganze Menge Problemfälle zusammen, auf die man aber sehr individuell und flexibel reagieren konnte.

Bei der Polizei hatten wir diesen Spielraum nur bedingt. Immer auf der Basis des Gesetzes natürlich, oft unter Zeitdruck, und wenn uns einer zum fünften Mal ins Netz ging, fiel die Tür eben einmal für längere Zeit ins Schloss.

Nach etwa einem Jahr beim Kommissariat für Beschaffungskriminalität war ich dann so weit zu sagen, das ist nichts mehr für mich, ich kündige und fange wieder Vollzeit als Erzieher an. Der leitende Kriminaldirektor hat mich damals zur Seite genommen: Ich solle mir das mit der Kündigung noch einmal überlegen und nicht gleich das Handtuch werfen. Man sei gerade dabei, ein neues Kommissariat ins Leben zu rufen, das maßgeschneidert sei für einen mit meinen Fähigkeiten und Interessen.

Am 1. September 1997 fing ich dann tatsächlich in der Kriminaldirektion 3 im Polizeipräsidium München an, im Kommissariat 314 für Opferschutz und Prävention. Eine Aufgabe, die mich gereizt und gefordert hat, auch weil es bis dahin nichts Vergleichbares gegeben hatte. Und eine, die sehr in die Tiefe ging.

# K 314

Mit dem Kommissariat 314 betraten wir alle Neuland. Es ging um Pionierarbeit, ein Zeichen, das die Münchner Polizei deutschlandweit setzte. Wir waren das einzige Kommissariat, dessen Job nicht war, einen Täter zu ermitteln und zu verfolgen, einen Fall aufzuklären, sondern das Opfer zu betreuen. Heute sind Opferschutz und Prävention wichtige Pfeiler der Polizeiarbeit. Damals hieß es eher: Schuster, bleib bei deinem Leisten. Die Polizei kommt, wenn etwas passiert ist, und hat sich um den Täter zu kümmern. Die Folgen, mit denen traumatisierte Opfer zu kämpfen haben, waren wissenschaftlich nur unzureichend untersucht, zumal viele dieser Folgen erst zeitversetzt auftreten und es kaum Langzeitstudien gab.

Die Fragen, was Missbrauch und Gewalt bewirken bei unmittelbar betroffenen Opfern oder bei Menschen, die über Jahre hinweg Zeugen solcher Misshandlungen wurden, können inzwischen besser beantwortet werden. Jeder dritte Betroffene leidet früher oder später an einer posttraumatischen Belastungsstörung, die bei Erwachsenen bis hin zur Berufsunfähigkeit gehen kann. Bei manchen dauert es Jahrzehnte, bis sie in der Lage sind, über ihr Martyrium zu sprechen oder Vorfälle aus der Vergangenheit mit aktuellen, etwa psychosomatischen

Beschwerden in Zusammenhang zu bringen. Dabei zeigen sich psychische Folgen oft schon direkt nach einem Übergriff. Kinder, die Zeugen häuslicher Gewalt werden, haben Schuldgefühle, nicht geholfen zu haben oder vielleicht selbst für einen Streit zwischen den Eltern verantwortlich gewesen zu sein. Missbrauchsopfer schweigen, die Dunkelziffer ist enorm hoch. Laut einer Statistik der Deutschen Kinderhilfe aus dem Jahr 2013 werden täglich vierzig Kinder Opfer sexueller Übergriffe – und das sind nur die Fälle, die gemeldet werden. Die Dunkelziffer ist weitaus höher. Hinzu kommen über 4000 Kinder und Jugendliche, die Schlägen und anderen körperlichen Misshandlungen ausgesetzt sind. Mehr als 95 Prozent der Täter stammt aus dem sogenannten Nahraum, aus der Familie oder dem Bekanntenkreis. Manche scheuen sich, gegen einen nahestehenden Menschen oder gar den eigenen Partner vorzugehen, und schauen lieber weg. Minderjährige Opfer haben in der Regel keine Handhabe, zivilrechtliche Ansprüche geltend zu machen. Bis sie handlungsfähig sind oder überhaupt erst über ihr Leid reden können, sind viele Ansprüche gegen den Täter verjährt.

Neben der Last, ein solches Trauma zu verarbeiten, gibt es noch einen gefährlichen Zusammenhang: Wer als Kind oder Jugendlicher häusliche Gewalt mitbekommt oder selbst davon betroffen ist, neigt später selbst dazu, zum Opfer oder zum Täter zu werden. Das Risiko ist bis zu drei Mal höher als bei Nichtbetroffenen. Wichtigstes Ziel sollte also sein, die Opfer zu schützen. Auch davor, selbst einmal Täter zu werden. Deshalb war der zweite Pfeiler des neuen Kommissariats die Prävention.

Wir begannen mit acht Kollegen aus unterschiedlichen Bereichen; je ein Beamter wurde aus den damals vier Polizeibezirken München Ost, Süd, West und Nord ausgewählt. Mein Freund Harry zum Beispiel war, bevor er zum Opferschutz kam, zehn Jahre lang Jugendbeamter. Ein Posten, der in den siebziger Jahren geschaffen worden war, als sich immer mehr Jugendliche der »Rockerbewegung« anschlossen und Gewaltdelikte sprunghaft angestiegen waren. Die Polizei wollte neue Wege beschreiten und führte mit den Jugendbeamten eine Art Streetworker ein, der allerdings an das Legalitätsprinzip gebunden war: Er war verpflichtet, eine mögliche Straftat zu verfolgen. Deshalb hieß es anfangs, die Beamten seien Spitzel, die die Jugendlichen aushorchen und anschließend fertigmachen wollten. Für manche Erzieher und Sozialpädagogen, die in Jugendtreffs oder anderen Einrichtungen arbeiteten, war die Polizei sowieso ein rotes Tuch. Es dauerte, bis die Jugendbeamten in ihren jeweiligen Stadtvierteln anerkannt waren und eng mit anderen Institutionen wie Schulen, dem Kreisjugendring oder auch dem Jugendamt zusammenarbeiten konnten.

Die praktischen Erfahrungen, die diese Kollegen mitbrachten, waren für das neue Kommissariat enorm wichtig. Eben weil es kaum Richtlinien gab, eben weil wir nicht belehren, verhören oder ermitteln mussten. Es ging um das Beschreiten neuer Wege, das Aufzeigen von Perspektiven, um Fingerspitzengefühl und unkonventionelles Arbeiten. Wir waren frei, auf jeden einzelnen Betroffenen ganz individuell einzugehen. Aber wir mussten vor allem am Anfang immer wieder Behörden und andere Dienststellen zur Mitarbeit überreden. Wir mussten die

Tücken der Bürokratie kennen und juristische Finessen auf Lager haben.

Heute ist zumindest die Kooperation kein Thema mehr. Geblieben ist die Schwierigkeit, Opfer davon zu überzeugen, sich unterstützen zu lassen. Und manchmal auch die Schwierigkeit, präventiv handeln zu müssen, auch wenn die juristische Absicherung fehlt.

Ich erinnere mich an den Fall einer Frau, die sich nach Jahren des Leidens von ihrem Freund getrennt hatte. Weil sie Angst um das gemeinsame Kind hatte und seine Schläge nicht mehr ertrug. Seit der Trennung wurde sie terrorisiert, er stellte ihr nach, belästigte und bedrohte sie. Weil er von Seiten der Polizei als gefährlich eingestuft worden war und sie an einem unserer Opferschutzprogramme teilnahm, wurden wir tätig. Jeden Tag waren Kollegen vor Ort, brachten das Kind in die Krabbelstube, begleiteten die Frau in die Arbeit, holten sie wieder ab, unterstützten sie bei ihren Bemühungen um eine neue Wohnung, wenn die Gefahr bestand, ihr ehemaliger Lebensgefährte könnte den Wohnort herausgefunden haben. Seit fast einem Jahr war die Frau auf der Flucht vor ihrem Ex. Selbst als es ihm einmal gelang, Mutter und Kind vor der Krabbelstube aufzulauern, hatten die Beamten keine Handhabe, den Mann festzunehmen. Denn es fehlte noch immer der Gerichtsbeschluss, dass er sich ihr nicht mehr nähern durfte. Der zuständige Richter hatte die Entscheidung darüber immer wieder verschoben. Seit einem Jahr lagen die Unterlagen beim Gericht. Seit einem Jahr war diese Frau mit ihrem Kind auf der Flucht. Bei so etwas kommt mir einfach die Galle hoch.

Auch wenn ich weiß: Einen hundertprozentigen Schutz für Opfer wird es nie geben. Der polizeiliche Schutz kann aber immer nur so weit gehen, wie es die juristische Rückendeckung zulässt. Und wenn die fehlt, weil die Personaldecke zu dünn ist, weil Termine verschoben werden, wir wichtige Instrumente nicht einsetzen dürfen, ist das bitter für uns – für die Opfer aber ist es ein weiterer Schlag.

Ich bin damals immer wieder auf die Barrikaden gegangen, habe mich auch schon mal mit der Staatsanwaltschaft angelegt, weil ich wollte, dass sie schneller und intensiver mit uns kooperieren. Harry meinte hinterher zu mir: »Wow, nach deinem Auftritt dachte ich, die schmeißen uns gleich hochkant raus.«

Das Gegenteil war der Fall. Es gibt Situationen im Leben, da darf man sich nicht verstecken, da muss man den Mut haben, Dinge beim Namen zu nennen. Und man darf keine Angst haben vor Autoritäten. Menschen lassen sich oft blenden durch einen Titel oder eine Funktion und schlagen dann beinahe reflexartig im Geiste schon ehrfurchtsvoll die Hacken zusammen.

Ich sage mir in solchen Momenten immer: Ich bin keine Funktion, ich bin ein Individuum. Und mein Gegenüber ist genauso wenig eine Funktion oder ein Titel. Wenn ich ihm offen und ohne mich zu verbiegen gegenübertrete, stehen die Chancen gut, dass er mir ebenso begegnet. In dieser Situation habe ich unmissverständlich geäußert, was wir brauchen, warum wir das für wichtig halten und dass es Konsequenzen hat, wenn die Zusammenarbeit nicht besser klappt. Der Boden hat sich nicht unter meinen Füßen aufgetan, es gab keine Beschwerde über mein Verhalten, und am Ende hatten wir, was wir wollten: ein Ineinandergreifen verschiedener Stellen, die gemeinsam an einem Strang zogen.

Die Tage in der Dienststelle begannen in der Regel mit einer Teamsitzung. Hier wurden Routineeinsätze besprochen, schwierige Fälle diskutiert und Themen für Vorträge etwa zu Sucht- und Gewaltprävention festgelegt. Mit Harry und anderen Kollegen war ich regelmäßig in Kindergärten und Schulen unterwegs.

Seit der Einführung der Jugendbeamten hatte die Münchner Polizei dafür ein eigenes Maskottchen: das »Schanderl«, eine Figur des Karikaturisten Horst Haitzinger. Der Name geht zurück auf den französischen Begriff Gendarm, der ins Bayerische übertragen zum »Schandi« wurde. Bei dem Maskottchen handelte es sich um einen blonden Lausbuben mit lässig auf dem Kopf sitzender grüner Dienstmütze. Es war auf Postern oder Heftchen zu sehen, mit denen die Polizei auf ihre Präventionsarbeit hinweisen wollte.

In einer der Teamsitzungen kam dann die Idee auf, in Zukunft mit einer Figur »zum Anfassen« zu arbeiten. Einem Riesenstofftier, in das ein Kollege hineinschlüpfen und die Figur so zum Leben erwecken konnte. Wie wir ausgerechnet auf ein Känguru kamen, weiß ich nicht mehr. »Ajuto« trug eine Polizeimütze und ein Uniformoberteil. Das Tier sollte dabei helfen, dass Kinder ihre Scheu überwanden und Vertrauen fassten. Mit ihm konnten wir Rollenspiele machen und den Kindern zeigen, wo Gewalt beginnt und wann sie sich wehren müssen. Aufklärung und Information waren die einzigen

Hebel, die wir zur Verfügung hatten – sofern noch nichts passiert war.

Das Kängurukostüm wurde im Hochsommer geliefert. Unsere Chefin wollte es dennoch so schnell wie möglich ausprobieren: an einem Infostand am Marienplatz. Harry war einer von zwei Beamten, denen das Kostüm passte. Er war nicht zu beneiden. Es war brüllend heiß, durch die schmalen Sehschlitze konnte er kaum etwas erkennen, und die Schokoladenriegel, die er vorne im Kängurubeutel hatte und an Kinder verteilen sollte, waren nach kurzer Zeit nur noch ein einziger weicher Klumpen.

Bei seinem zweiten Auftritt kurze Zeit später ging ebenfalls einiges schief. Harry tappte auf einen Buggy zu, in dem ein Kleinkind saß, dem er ein paar Bonbons schenken wollte. Das Känguru war ein Highlight auf dem Marienplatz, allerdings weniger als Symbolfigur für Aufklärung und Prävention, sondern eher als Fotomotiv. Touristen, die auf das Glockenspiel am Rathaus warteten, drängten sich um das sonderbare Tier, um ein Foto zu machen. Als Harry auf den Buggy zusteuerte, trat einer der knipswütigen Touris Ajuto auf den Schwanz. Harry verlor das Gleichgewicht und schlug der Länge nach hin – mit dem Oberkörper auf den Buggy. Der kippte zum Glück nicht um, aber Kind und Mutter trugen einen ordentlichen Schrecken davon.

Der zweite Kollege, dem das Kostüm passte, hatte ebenfalls pannenreiche Auftritte. Er schaffte es, gleich beim Aussteigen aus dem Polizeikombi zu fliegen – kein Wunder bei Ajutos riesigen Füßen. Für die Kollegen ein Spaß, Slapstick wie bei Dick und Doof.

Auch wenn Ajuto vor allem in Kindergärten gut ankam, setzte das Känguru sich nicht dauerhaft durch. Die Kostüme hängen heute noch in irgendeinem Spind, doch der letzte Einsatz liegt Ewigkeiten zurück. Geblieben sind das Schanderl und die Kurse, die damals konzipiert wurden: »aufgschaut« für Sechs- bis Zehnjährige oder »zammgrauft« für Jugendliche zwischen elf und achtzehn. Beide beschäftigen sich mit den Schwerpunkten Selbstbehauptung (»Ich achte auf mich«), Gemeinsinn (»Ich achte auf die anderen«), Gewalt (»Konflikte kann ich lösen«), sexuellem Missbrauch (»Mein Körper gehört mir«) und Zivilcourage (»Gewalt verhindern«).

Mit »sauba bleim« sollen Jugendliche, aber auch Eltern und Lehrer für das Thema Sucht und Drogen sensibilisiert werden. Es ist eine Sache, wenn Leute von der Polizei diese Aufklärungsarbeit übernehmen, hat aber eine völlig andere Wirkung, wenn man für solche Projekte Betroffene gewinnt. Ex-Junkies oder auch Leute mit Knasterfahrung, die ihre Probleme aufgearbeitet haben und sich im Präventivbereich betätigen. Ich habe einen Höllenrespekt vor diesen Menschen, die an Schulen gehen, sich vor die Klasse stellen und von der beschissensten Zeit ihres Lebens erzählen. Das hat eine ganz andere Wucht und Glaubwürdigkeit. Weil es authentisch ist und auf eigenen Erfahrungen beruht, nicht auf Theorien und warnend erhobenem Zeigefinger.

Was die Präventionsarbeit anging, war unser Aufgabenfeld klar umrissen. Schwieriger war es manchmal, unsere Rollen als Kripobeamte einerseits und als Berater andererseits unter einen Hut zu bekommen. Als Beamte der Kripo unterlagen wir dem Legalitätsprinzip, waren also angehalten, eine Straftat, von der wir Kenntnis hatten, zu verfolgen. Als Berater oder Betreuer wiederum hatten wir eine gewisse Geheimhaltungspflicht.

Ich erinnere mich an einen Fall, zu dem wir gerufen wurden. Eine Mutter, deren Sohn wir seit längerem sozusagen ambulant betreuten, hatte uns angerufen. Er habe sie geschlagen, sie sei aus der Wohnung geflohen, wo er seitdem randaliere. Sie traue sich nicht nach Hause, ob wir kommen könnten. Als wir ankamen, waren die Kollegen von der Streife bereits vor Ort. Nachbarn hatten sie alarmiert. Solche Situationen waren nicht immer leicht. Die Kollegen mussten überzeugt werden, dass wir schon einschreiten würden, wenn es notwendig war, und davon, uns das Feld zu überlassen. Eltern wie in diesem Fall oder Jugendliche, die Opfer häuslicher Gewalt geworden waren, durften wiederum das Vertrauen in uns nicht verlieren, das wir mühsam aufgebaut hatten. Eine Gratwanderung.

Nach langem Zureden haben wir den Kerl aus der Wohnung herausbekommen.

Häusliche Gewalt ist ein Phänomen, auf das man überall stößt. In allen Schichten, in vermeintlich intakten Familien wie auch in solchen, denen schnell der Stempel »zerrüttet« aufgedrückt wird. In der ambulanten Betreuung hatten wir oft Jugendliche, die ihre eigenen Gewalterfahrungen weitergegeben haben. Die keine anderen Erfahrungen gemacht hatten, wie man Konflikte sonst lösen kann. Im oben erwähnten Fall war die Mutter seit dem Tod ihres Mannes alleinerziehend, hatte wechselnde Partner, die im Suff die Kontrolle verloren. Der Sohn als Opfer dieser Gewalt wurde selbst zum Täter.

Als wir auf der Wache ankamen, schien er sich beruhigt zu haben. Harry wollte wissen, wie es auf seiner Lehrstelle lief, die wir ihm vermittelt hatten. Eher nebenbei erwähnte er, dass er keinen Bock mehr habe und nicht mehr hingehe. Es folgte eine längere Diskussion, an deren Ende Harry ihn aufforderte, jetzt und hier den Werkstattmeister anzurufen und sich zu entschuldigen.

Ausgerechnet in diesem Moment ging ich in mein Büro, um einige Unterlagen zu holen. Als Harry ihm den Telefonhörer hinhielt, muss der Junge total ausgeflippt sein. Du Wichser, du Arsch, die ganze Palette. Das musste man abkönnen. Womit mein Kollege aber nicht gerechnet hatte, war, dass der Junge plötzlich aufsprang und ihm an die Gurgel ging. Beide wälzten sich auf dem Boden, bis Harry nach dem ersten Schreckmoment die Oberhand gewonnen hatte und ihn in den Schwitzkasten nehmen konnte. Und was machte der Kerl? Er rief auf der Polizei nach der Polizei. Er würde hier misshandelt, man solle ihm zu Hilfe kommen. Als ich zurückkam, war der ganze Spuk vorbei. Einige Kollegen waren, aufgeschreckt durch den Lärm, herbeigeeilt und hatten die Situation entschärft.

Dieser Jugendliche war einer derjenigen, die wir später in einer stationären Wohneinheit unterbrachten, einer sogenannten ISE, Intensiven sozialpädagogischen Einzelbetreuung. Nach Dienstschluss oder an den Wochenenden besuchten wir »unsere« WGs, unternahmen etwas mit den Jugendlichen, kochten gemeinsam etwas oder saßen einfach nur da und redeten. An einem dieser Abende erzählte er mir von seinem Vater. Nach einem heftigen Streit am Morgen sei er türenknallend in die

Schule gegangen. Als er am späten Nachmittag nach Hause kam, war der Vater tot. Herzinfarkt. Seit diesem Tag fühle er sich schuldig. Die Aggression habe er anfangs nur gegen sich gerichtet, später sei der Schalter gekippt, er habe sich immer weniger unter Kontrolle gehabt. Und dann habe er eben auch seine Mutter »gestiefelt«, die den Vater mit ihren neuen Männern auf ihre Weise verraten habe.

Heute ist er auf einem guten Kurs. Er hat seine Lehre abgeschlossen und ist von der Firma übernommen worden. Der Kontakt zu seiner Mutter ist intensiv und herzlich, beide achten aufeinander. Der Weg dorthin war steinig, für alle Beteiligten. Dem Jungen die Schuld auszureden, die Verantwortung für den Tod des Vaters, war der schwerste Brocken. Den Mechanismus zu durchbrechen, dass die eigene Verletzung zwangsläufig zur Verletzung anderer führt. Aber der Weg hat sich gelohnt.

Anders als in diesem Fall dauerte es manchmal Jahre, bis wir überhaupt Kenntnis von einem Vorfall erhielten. Weil der Täter gedeckt wurde, das Opfer schwieg, Misshandlungen weder bei einem Arztbesuch noch im Kindergarten oder in der Schule erkannt wurden. Was gerade bei Sexualdelikten häufig passiert. Bis ich zum Opferschutz kam, hatte ich mit solchen Fällen nie etwas zu tun. Man kannte solche Dinge aus den Medien, wobei diese Thematik längst nicht so präsent war, die Bevölkerung nicht so sensibilisiert war wie heute.

Ich bekam einmal die Akte einer Sechsjährigen auf den Tisch, die jahrelang vom eigenen Vater missbraucht worden war. Zum Oralverkehr gezwungen, mit allen möglichen Gegenständen penetriert. Ich habe damals die

Gerichtsbegleitung übernommen; die Aussagen haben mich so fertiggemacht, dass ich sie wochenlang nicht aus dem Kopf bekommen habe.

Im Job sind wir dazu angehalten, professionell vorzugehen, uns nichts anmerken zu lassen. Es wird erwartet, dass man seine Emotionen im Griff hat, dem Täter möglichst neutral begegnet. Innen drin sieht das manchmal ganz anders aus. Wenn man ein Kind vor sich sitzen hat, das nur noch aus Angst, Schuldgefühlen, Hilflosigkeit und Verzweiflung besteht, gibt es keinen »Neutralknopf«, der in jeder Situation perfekt funktionieren würde. Man kann die Bilder nicht wegwischen wie eine Skizze auf einer Tafel, man leidet ein Stück weit mit. Im Sinne von Empathie, nicht Mitleid. Von Mitleid kann sich niemand etwas kaufen, am wenigsten das Opfer. Wut und Entsetzen helfen letztlich genauso wenig, sie verstellen den Blick. Je länger ich dabei war, umso mehr Mühe hatte ich damit, mich abzugrenzen. Eben weil es so ein schmaler Grat ist zwischen der Empathie, die nötig ist, damit das Schweigen aufhört, und dem Mitleiden, das einen an die eigenen Grenzen bringt.

Im Nachhinein denke ich, dass es uns anfangs vielleicht sogar geholfen hat, dass wir nicht nach einem völlig durchstrukturierten System arbeiten mussten. Dadurch hatten wir die Chance, den Opfern unvoreingenommen zu begegnen, sie nicht in ein Schema zu pressen. Mir jedenfalls kam das sehr entgegen. Ich mag keine Schubladen, keine Konzepte, die einem übergestülpt werden. Frau X hat Y erlebt, deshalb ist Methode Z anzuwenden. Sicher gibt es vergleichbare Fälle, Parallelen, bestimmte Traumata, die sich als Folge einstellen. Sicher gibt es standardisierte Vorgehensweisen, was Gesprächsführung angeht, die funktionieren. Doch wenn man vor lauter Standards den Menschen nicht mehr sieht, wenn man Regeln und Vorschriften abarbeitet oder sich dahinter versteckt, wird man dem Betroffenen nicht gerecht.

Gleichzeitig habe ich beim Opferschutz Kollegen erlebt, die sich regelrecht aufgearbeitet haben. Die den Betroffenen ein Angebot nach dem nächsten gemacht haben, aber immer wieder an den Punkt kamen, an dem es nicht weiterging. Dabei zuzusehen, wie sich nichts ändert, wie man sich im Kreis dreht, ist zermürbend.

Wir hatten oft Fälle, die wir uns geteilt haben: wenn etwa Mutter und Kind von häuslicher Gewalt betroffen waren. Einer kümmerte sich um die Frau, der andere um das Kind. Bei manchen Frauen war die Seele so geschunden, dass sie sich selbst gar nichts mehr zutrauten. Sie konnten nach einer Weile zwar über die Vorfälle zu Hause reden, hatten aber zum Teil nicht einmal mehr die Kraft, den Strohhalm »Hilfe von außen« anzunehmen. Sie verharrten in ihrer Agonie, saßen da wie ein Häufchen Elend und hörten sich an, was es für Möglichkeiten gab. Punkt. Es war ein Verharren in Hilf- und Machtlosigkeit. Was uns manchmal verzweifeln ließ. In unserem Kommissariat konnten wir Angebote machen, wenn nötig, Schutzmaßnahmen einleiten, Hilfe zur Selbsthilfe bieten. Wir konnten begleiten, aber nur dann, wenn die Betroffenen sich auch begleiten lassen wollten und aktiv einen eigenen Beitrag leisteten. Mitzuerleben, dass dieser Schritt manchmal nicht kam, dass die alten Mechanismen stärker waren und ein anderes Leben unmöglich machten, war verdammt hart. Es ist kein Wunder, dass so viele Menschen, die im Seelsorgebereich oder auch in der Pflege arbeiten, selbst irgendwann Probleme bekommen. Und in diesem Kommissariat sieht man wirklich Pferde auf den Tisch kotzen.

Selbst schöne Erlebnisse, die ich beim Opferschutz auch hatte, kamen nur zustande, weil vorher etwas Übles passiert war. Wie Alex damals gesagt hatte: *Natürlich habe ich gewusst, dass das nicht normal ist, dass andere Kinder so etwas nicht dürfen. Dass wir diese Fahrt nur unternehmen, weil mir etwas Schlimmes passiert ist.*

Bei Alex war es die Fahrt zum Eisessen gewesen, bei den Opfern der Bündischen Pfadfinderschaft Südlandfahrer der Skitrip nach Oberstaufen. Eine andere Tour führte uns für ein paar Tage nach Südtirol. Vorne fuhr der Einsatzwagen, in dem ich und mein Hund Taps saßen, dahinter ein ganz normaler Reisebus. In ihm saßen lauter Kinder und Jugendliche, die in Waisenhäusern, Wohngruppen oder anderen Einrichtungen lebten. Sie hatten sexuellen Missbrauch, Gewalt oder Mord in der eigenen Familie erlebt. Alex war damals fünfzehn und mit von der Partie. Er war der Einzige, der inzwischen wieder so etwas wie eine Familie hatte.

Bei den Kindern ging es nicht darum, ihnen etwas zu entlocken, wie bei dem bereits erwähnten Pfadfinderfall. Jeder wusste damals, dass den Kindern etwas angetan worden war, aber keiner sagte etwas. Unsere Skitour ins Allgäu sollte auch dazu dienen, den Mantel des Schweigens zu lüften. Hier ging es schlicht um Ablenkung, darum, ihnen ein schönes Erlebnis zu bereiten.

In Brixen hatten wir eine Hütte gemietet. Je weiter wir

uns von München entfernten, umso mehr wurde im Bus geredet. Anfangs hatten die Kinder, von denen sich nur wenige kannten, kaum einen Ton von sich gegeben.

Am Abend kochten wir gemeinsam, dann trollten sich alle in ihre Stockbetten. Am nächsten Tag unternahmen wir eine Wanderung – für die meisten war es der erste Ausflug in die Berge, einige maulten, so etwas sei doch öde und vor allem viel zu anstrengend. Aber sie hielten alle durch, und so öde war es am Ende auch nicht. Abends grillten wir Würstchen am Feuer, dann packten ein Kollege und ich unsere Gitarren aus. Kitschige Lagerfeuerromantik, könnte man abschätzig sagen. Aber für die Kinder, die Familie oder Gemeinschaft bis dahin nur im Zusammenhang mit Missbrauch oder Gewalt erfahren hatten, war das etwas ganz Besonderes. Wenn man in die Gesichter blickte, aus denen zu Anfang Schüchternheit oder auch »Wie peinlich, jetzt noch zu singen« abzulesen war, und dann miterlebte, mit welcher Begeisterung sie schließlich dabei waren – das war Wahnsinn.

Manchmal braucht es so wenig. Und dann wieder weiß man nicht, was man noch tun soll.

# Freunde

*Im Heim haben wir früher oft Volkslieder gesungen, die meisten Texte kann ich heute noch. In diesen alten Zeilen, auch wenn sie heute etwas antiquiert oder kitschig klingen mögen, steckt viel Wahres drin. Mein Lieblingslied ging über Freundschaft: »Wahre Freundschaft soll nicht wanken, wenn sie gleich entfernet ist, lebet fort noch in Gedanken und der Treue nicht vergisst«, heißt es darin.*

Carlos Benede

Bei Alex stand ich genau an diesem Punkt, nicht weiterzuwissen, als er um die fünfzehn, sechzehn war. Ich dachte, jetzt fliegt uns alles um die Ohren. Er hatte ja nie eine Therapie im klassischen Sinne gemacht, sondern »nur« die Trauerbegleitung vor dem Prozess. Die hat mit Sicherheit geholfen, aber eine richtige, in die Tiefe gehende Verarbeitung ist dadurch nicht in Gang gekommen. Und dann noch die Pubertät.

Die Extreme, in die man in dieser Zeit ohnehin kippt, waren bei ihm etwas heftiger als bei anderen Jugendlichen. Es gab die Klassiker mit Verweisen in der Schule, mit dem ersten Rausch und vollgekotztem Auto, das Grenzen-Austesten, wie weit man »dem Alten« auf der Nase herumtanzen konnte. Alles Probleme, mit denen andere Eltern auch konfrontiert sind.

Bei ihm kam aber noch eine Impulsivität dazu, die jederzeit in Aggression umschlagen konnte. Die Emotionen waren nur mühsam unter einer dünnen Oberfläche verborgen. Hinzu kam, dass er gut aussah. Die Mädels flogen auf ihn, und er hat nichts anbrennen lassen. Ein richtiger kleiner Macho, dem eine Zeitlang der Respekt vor anderen fehlte. Wir gerieten deswegen immer wieder aneinander, bis ich eines Abends zu ihm sagte: »Du hast einmal gesagt, du willst nicht wie dein Erzeuger werden. Du bist auf dem allerbesten Weg dorthin.« Das hat gesessen.

In dieser Phase habe ich hin und wieder daran gezweifelt, ob meine Entscheidung, ihn zu mir zu nehmen, richtig gewesen war. Ich war nahe an dem Punkt, zu sagen, ich schaffe es nicht mehr, ich habe mich übernommen. Am schlimmsten war das Gefühl, er entgleitet mir, und ich weiß nicht, wie ich gegensteuern soll. Es hat gedauert, bis ich mit anderen darüber reden konnte. Mit Evi zum Beispiel oder meinem Kollegen Harry. Es gibt nicht viele Menschen, denen ich so tief verbunden bin, die mich so gut kennen.

Freundschaft bedeutet für mich, gemeinsam durch dick und dünn gehen zu können. Den anderen um Rat fragen zu können, um seine Einschätzung zu bitten, weil es wichtig ist, wie der andere einen sieht. Eine solche Freundschaft muss auch einmal einen Streit aushalten können; dann ist vielleicht für ein paar Tage Funkstille, aber länger halte ich es meistens nicht aus. Man muss den anderen stehenlassen können, ihn so akzeptieren, wie er ist. Auch wenn das nicht immer leicht ist. Ich habe nicht viele dieser engen Freunde, aber die paar kennen mich mit all meinen Stärken und Schwächen.

# In guten wie in
# schlechten Zeiten

Als Alex zu mir kam, wohnte in unserer Nachbarschaft ein Ehepaar mit zwei Kindern. Italiener, die gegenüber unserem Haus ein Restaurant betreiben. Wir kennen uns inzwischen seit über zwanzig Jahren, für die Söhne von Augusto und Adina war ich wie ein zweiter Vater. Für mich waren sie Familie – Menschen, von denen ich wusste, wenn es brennt, sind sie da. Und zwar weil es ihnen ein Herzensanliegen ist, nicht eine Verpflichtung.

Als ich ihnen beim Grillen auf dem Balkon erzählte, dass ich bald »ein Kind kriegen würde«, war das keine große Sache. Kein: »Weißt du, was du dir damit antust?« Keine Bedenken oder gar Vorurteile, was den Jungen und seine Geschichte anging. Einfach eine große Offenheit und die Bereitschaft, abzuwarten. Es hatte auch andere Spontanreaktionen gegeben: Du hast ja einen Schuss, dir so etwas anzutun. Mit einem Kind bist du immer angehängt, Tag und Nacht. Und bei einem fremden Kind weiß man ja nie! Du gibst dich ja auf, dein ganzes Leben. Wie willst du das denn alles organisieren?

Ich habe mir in diesen Momenten gedacht: Da musst du drüberstehen. Das ist wie in einer Partnerschaft, wenn es dem einen mal nicht gutgeht oder es insgesamt schlecht läuft, muss man trotzdem zueinanderstehen und versuchen, das Tal gemeinsam zu durchqueren. Genauso sehe ich das mit den Kindern. Ich hätte da nie auf andere gehört, sondern nur auf meinen Bauch und mein Herzgefühl. Wenn das dann noch von außen gestützt wird, wenn man wirklich an seine Grenzen stößt, ist das nicht mit Geld zu bezahlen. Meine Pflegetante Evi zum Beispiel, die keine eigenen Kinder hatte und, als Alex kam, spontan gesagt hat: »Mensch, jetzt werde ich Oma!« Oder Sr. Augusta, der ich am Telefon angemerkt habe, dass sie Bedenken hatte. Nicht wegen des Kindes, sondern wegen mir.

*Ich habe nach dem Telefonat lange auf dem Sofa gesessen und nachgedacht. Man kann von außen noch so sehr sagen, tu das nicht, das wird zu viel, was willst du denn noch alles schultern – aber auf dem Ohr ist er taub. Es gab schon Momente, wo ich das Gefühl hatte, jetzt hat er sich überhoben, jetzt war es ein Stein zu viel. Aber mit dem Verstand braucht man ihm in solchen Situationen gar nicht zu kommen. Er ist einer, der mit dem Herz in der Hand auf die Menschen zugeht, und wenn das Herz sagt: Mach es, dann macht er es. Also muss man ihn unterstützen. Auf den anderen zugehen, ihm helfen, kostet nichts. Höchstens den Sprung über den eigenen Schatten.*

Ich hatte mich entschieden, also stand ich auch dazu. Es war aus meiner Sicht nichts Dramatisches, dass ich ja gesagt hatte, was natürlich auch bedeutete, mit diesem Menschen durch alle Höhen und Tiefen zu gehen. Das erleben leibliche Eltern auch, wir hatten also eine ganz normale Familiensituation.

Gianluca und Fabio, die Söhne von Augusto und Adina, waren die Ersten aus der Nachbarschaft, die kamen, um mit »dem Neuen« zu spielen. Von da an steckten sie immer zusammen. Wenn ich nicht rechtzeitig aus dem Büro herauskam, ging Alex zu Adina zum Mittagessen, und in den Ferien fuhren wir gemeinsam nach Italien. Adina war für Alex mit einer solchen Selbstverständlichkeit da, dass sie die einzige Frau war, der er so etwas wie eine Ersatzmutterrolle zugestand. Als er einmal dort übernachtete, bat er Adina, ihm den Rücken zu kraulen. Das war das einzige Mal, dass er ihr gegenüber von seiner Mutter sprach. Sie habe das jeden Abend gemacht, wenn sie ihn ins Bett gebracht hatte.

Adina übernahm auch die Patenschaft, als bei Alex Erstkommunion und Firmung anstanden. Das konnte damals in einem stattfinden, weil der Pfarrer, ein Salesianer, nichts von bürokratischen Hürden hielt. Wenn er das so will, dann machen wir das so. Die Zeremonie fand in einer alten Kapelle im Umland von Dachau statt, danach wurde im Lokal von Adina und Augusto gefeiert.

Es war ein Ereignis, das eigentlich nicht so recht zu den Tendenzen passen wollte, die Alex damals an den Tag legte. Für einen Sechzehnjährigen auch eine eher uncoole Sache, aber Spötteleien hat er nicht nur abgeschüttelt, sondern daraus eine Stärke gezogen. Das Kreuzzeichen, das er vor jedem Fußballspiel machte, war keine Show, das kam von innen. Mich hat das damals sehr berührt, weil es etwas sehr Tiefes hatte, das dem pubertären Machogehabe, dem Streben nach der coolen Außenwirkung, zuwiderlief. Beim ihm spüre ich heute noch einen tiefen Glauben, bei dem es nicht um spirituellen Halt geht, sondern tatsächlich um ein römisch-katholisches Verständnis. Ich bin da etwas kritischer, weil mir die Institution Kirche manchmal zuwider ist. Weil Wasser gepredigt und Wein gesoffen wird.

Als ich vor einigen Jahren mal wieder bei den Salesianern in Haidhausen vorbeischaute, sagte ich zu Pater Häusler, ich bräuchte noch etwas Schönes für meine Wohnung. Er schickte mich zum Stöbern in den Keller, wo allerlei Aussortiertes herumlag. Wenn ich etwas fände, dürfe ich es behalten. Zwischen allerlei Kisten und Krempel entdeckte ich ein großes Kreuz, das früher im Refektorium gehangen hatte. Es war über hundert Jahre alt. Einer der Padres hatte mit der Restaurierung begonnen, die Arbeit aber nicht vollenden können. Als ich es nach oben gezerrt hatte, meinte Pater Häusler, ich solle es weiter aufarbeiten lassen, der linke Arm Christi sei ja noch ganz schäbig.

Ich wollte es genau so, wie es war. Halbfertig, in Teilen strahlend schön, in Teilen abgeblättert. Für mich war es wie ein Zeichen, ein Symbol. Der Glaube, das Leben, nichts ist vollendet und perfekt. Vollkommenheit ist nicht das Ziel, man muss die Dinge nehmen, wie sie sind.

Das Kreuz steht heute noch in meiner Wohnung; Alex hat inzwischen ein eigenes bei sich hängen, seit er vor einigen Jahren ausgezogen ist. Mit Anfang zwanzig habe ich ihn gefragt, ob es nicht langsam an der Zeit wäre, auf eigenen Füßen zu stehen. Ich weiß nicht, wem dieser Schritt schwerer gefallen ist – mir oder ihm. Aber man muss den Sprung irgendwann wagen. »Hotel Papa« ist trotzdem immer offen. Wenn es sein muss, rund um die Uhr.

Diese Sicherheit hat auch mit einer Art Neuanfang zu tun, der uns in seiner schwierigen Phase gelungen ist. Wir waren zu einer Geburtstagsfeier im Kunstpark Ost geladen, damals ein großes Partygelände im Münchner Osten, mit vielen Bars, Clubs und Lokalen. Alex und sein Kumpel Gianluca machten sich an dem Abend klammheimlich vom Acker. Sie hatten ein paar Mädels kennengelernt und »die Zeit vergessen«. Ich bin fast wahnsinnig geworden vor Sorge, als sie plötzlich weg waren. Wir haben alle Clubs durchkämmt, bis wir sie am Ende wieder in der Milchbar aufgabelten. Wo wir denn gewesen wären, fragten sie mit gespielter Unschuld. Heute kann ich über den Vorfall lachen, damals hätte ich platzen können. Als er am nächsten Morgen aus dem Bett krabbelte, packte ich seine Sachen in Müllsäcke und sagte: »Zieh dich an, ich fahr dich jetzt ins Salesianum. Du gehst so, wie du gekommen bist.«

Im Salesianum wusste natürlich niemand Bescheid, ich hatte ja auch nicht ernsthaft vor, ihn dort abzuliefern. Es war ein Test. Alex sollte einfach merken, jetzt ist Schicht, jetzt ist der Bogen überspannt.

Und es hat geklappt. Schon im Auto hat er Rotz und Wasser geheult: »Bitte nicht, bitte nicht, lass mich nicht allein.« Irgendwann bin ich rechts rangefahren, habe den Motor ausgeschaltet, und wir haben geredet. Am Ende hat er mir das Versprechen gegeben, sich zu ändern, wieder auf den Boden zurückzukommen.

*Ich habe in dieser Zeit noch einmal eine Entwicklung durchgemacht; es war ein harter Weg, aber ein heilsamer. Carlos hat nie lockergelassen, sich immer wieder mit mir hingesetzt, um zu reden. Das war manchmal sicher nicht leicht, vor allem weil er ja selbst genug um die Ohren hatte. In dieser schwierigen Phase ist es mir schwergefallen, mich zu öffnen. Ich habe zu viel in mich hineingefressen und meine Probleme hinter der coolen Fassade versteckt. Er ist einer, der hinter die Kulissen geblickt hat, der mich gefordert hat, auch wenn es darum ging, Verantwortung zu übernehmen. Für mein Leben und für andere. Ich weiß noch, dass ich damit eine Zeitlang Schwierigkeiten hatte: Wenn er mich um etwas gebeten hat und ich mich nicht festlegen wollte, herumgeeiert bin, hat er ganz trocken zu mir gesagt: »Okay, dann sag ich das nächste Mal auch, dass ich nicht weiß, ob ich es schaffe.« Es hat ein wenig gedauert, aber da habe ich begriffen, dass es auch um ein Geben geht, nicht nur um ein Nehmen. Er hat mir damals so viel gegeben, und die Situation, dass er mich vermeintlich vor die Tür setzen würde, hat noch einmal einen Schalter umgelegt.*

# Kick it

Was damals sicher mit dazu beigetragen hat, dass Alex von seiner Art her etwas über das Ziel hinausgeschossen ist, war der Fußball. Für mich ist Fußball die Höchststrafe, immer schon gewesen. Mit Alex hatte ich einen Sohn, der mit fünf Jahren zum ersten Mal in einer Mannschaft gestanden hatte und inzwischen auf dem Weg war, Profikicker zu werden. Unter der Woche hatte er ständig Training, an den Wochenenden Turniere, jeder Urlaub hatte sich nach dem Spielplan zu richten. Und ich hatte nach Möglichkeit bei jedem Heimspiel auf der Tribüne zu sitzen. In einem Umfeld, mit dem ich absolut nichts anfangen konnte. Auch wenn ich stolz war auf das, was er leistete, war ich froh, wenn andere mir das abnahmen. Augusto hat sich, was das anging, sehr reingehängt. Ich dagegen war kein Vater, der seinen Sohn gepusht, den sportlichen Erfolg über die Maßen gefördert hätte. Ich habe das akzeptiert, wobei es auch hier Grenzen gab. Ich hatte klare Vorstellungen, was an erster Stelle stehen sollte: erst die Schule, dann der Sport.

Als Alex sechzehn war, bekam er ein Angebot vom italienischen Verein Brescia Calcio. Die wollten ihn unbedingt haben und setzten einige Hebel in Bewegung. Wir bekamen Besuch von den Talentscouts des Vereins, die nicht nur Versprechungen machten, sondern mir gleich einen Koffer mit Geld auf den Tisch stellten und einen Autoschlüssel für eine dicke deutsche Limousine danebenlegten. »Wenn Sie unterschreiben, gehört all das Ihnen.«

Ich kam mir vor wie auf dem Basar, als würde ich meinen Sohn verkaufen. Das Gerede von der großen Profikarriere war sicher nicht völlig aus der Luft gegriffen, aus sportlicher Sicht hätte er das Zeug dazu gehabt. Aber ich war der Meinung, dass er erstens zu jung war und dass er zweitens nicht der Erste gewesen wäre, dessen Traum wie ein Kartenhaus zusammenfallen könnte. Eine dumme Verletzung – und aus. Er sollte erst das Abi machen, dann würden wir weitersehen. Alex hat mir das in diesem Moment sehr übelgenommen. Zumal Brescia nicht lockerließ. Sie boten mir sogar einen Job als Erzieher in ihrem Sportinternat an. Nach endlosen Diskussionen habe ich mich zu einem Kompromiss durchgerungen: Wenn du wirklich willst, fahren wir in den Ferien nach Italien, und du trainierst mit der Mannschaft.

Als wir zurückkamen, war das Thema Brescia seltsamerweise vom Tisch.

Der nächste »Rückschritt« in Sachen Karriere kam wenig später. Alex spielte damals beim FC Bayern München in der 3. Liga. Ein Benefizspiel war angesetzt, der Trainer wollte die erste Profimannschaft schonen und holte Spieler aus den anderen Mannschaften dazu. Alex war einer davon, eine Riesenchance.

Kurz vor dem Spiel meldete er sich aus unerfindlichen Gründen krank.

Die nächste Chance bekam er mit einem Angebot von einem schwedischen Verein. Seit er volljährig war, hatte er einen Berater, der ihn unbedingt pushen wollte. Gemeinsam mit ihm fuhr er zum Probetraining nach Schweden. Im Hotel kam es dann zum Eklat. Sein Berater war stinksauer: »Willst du mich verarschen? Ich schick dich da hin, häng mich für dich rein, und du lieferst so eine Scheiße ab?«

Alex hatte keine Erklärung. Er hockte stumm in seinem Sessel und starrte ins Leere.

Als er wieder zu Hause war, fragte ich ihn, was mit ihm los sei. Es dauerte ein wenig, bis ich eine ehrliche Antwort bekam. Es lag nicht daran, dass ich ihm mit meiner Blockadehaltung – erst Schule, dann Sport – die Suppe versalzen hätte. Er würde es nicht packen, im Ausland zu leben, ständig auf Achse zu sein, erklärte er. Es ging um seine Wurzeln, um das, war er sich hier mit mir geschaffen hatte. Um die Harmonie und Stabilität, die er hier gefunden hatte. Um die Angst, all das zu verlieren, was er schon einmal verloren hatte. Wieder nicht da zu sein, wenn er aus seiner Sicht vielleicht da sein sollte. Verantwortung und Schuld liegen ganz dicht beieinander.

Ich bin schon häufiger gefragt worden, ob unsere starke Bindung auch dadurch zustande kommt, dass wir uns in einer Art Verlusterfahrung treffen. Man kann unsere Geschichten aus meiner Sicht nicht vergleichen – außer dass von einem Tag X an bei beiden von uns die leibliche Mutter fehlte. Ich selber habe das aber nicht als Trauma erlebt, ich sehe meine Kindheit nicht als »Schicksal«, das mir widerfahren wäre. Meine Kindheit hat mich geprägt, aber auf positive Weise. Sie hat mich vielleicht sensibilisiert für Menschen, die auf der Schattenseite stehen oder denen etwas Gravierendes widerfahren ist. Ängste, die man mit denen traumatisierter Menschen vergleichen könnte, habe ich nicht verspürt.

Es ist leichter damit umzugehen, wenn man weiß, woher etwas kommt. Was Alex sich selbst gegenüber früher vielleicht als Schwäche ausgelegt hätte, ist heute eine seiner Stärken.

*Ich hab mich früher sehr stark über den Fußball definiert; und da war ich sehr erfolgreich. Alle, die mir damals begegnet sind, haben in mir nur den Fußballer gesehen. Es gab wenige, die mich als ganzen Menschen gesehen haben. So toleriert und akzeptiert haben, wie ich bin. Mein Vater und ein, zwei andere, die hinter die Fassade des großen Fußballeregos geschaut haben, haben gemerkt, dass da viel aufzuarbeiten ist. Durch unsere Gespräche ist eine Stabilität entstanden, eine Konstanz, die mir sehr geholfen hat, die mir Selbstbewusstsein und Selbstreflexion mitgegeben hat. Wer bin ich, wo stehe ich. Durch sie habe ich gelernt, authentisch zu bleiben, sich selbst gegenüber ehrlich, anderen gegenüber respektvoll. Und dann kommt der Rest von alleine, dann wird sich zeigen, was das Leben bringt. Egal was es ist, ich freue mich drauf.*

Niemand von uns kann sein Leben alleine stemmen. Man braucht Freunde, die es mittragen, auch ohne dass man sie erst dazu auffordern müsste. Die spüren, wenn es eng wird und man sich wirklich einen Stein zu viel aufgeladen hat. Ich habe das Glück, dass mein soziales Umfeld mitgezogen hat. Es ist einfach schön, wenn man merkt, dass über Unterstützung nicht nur geredet, sondern dass diese auch gelebt wird. Ohne dass damit gleichzeitig wieder Erwartungen verbunden wären, dass aufgerechnet würde. Wahre Freundschaft heißt für mich auch, dem anderen Freiräume zu lassen, ohne ihn aus den Augen zu verlieren.

# Der Kleine

*Ich denke manchmal, der Carlos ist wie ein abgrundtiefer See. Was aus dem alles herauskommt, das ist für mich wie ein Wunder.
Er hat ein so großes Herz und geht für andere über seine Grenzen hinaus. Als er den Kleinen schließlich auch noch angenommen hat, meinte er nur: Wir mussten das einfach tun, das war doch so ein hilfloses Wesen.*

Sr. Augusta

Der Anruf kam gegen halb zwölf Uhr nachts. Alex war nach dem Training sofort ins Bett gegangen, ich war gerade auf dem Weg dorthin. Die Kollegen von der Mordkommission waren am Apparat. In München sei ein Verbrechen geschehen, das ein kleiner Bub aus nächster Nähe mitbekommen habe. Es gebe keinerlei Verwandte, keine Freunde, von denen man wisse. Die offiziellen Inobhutnahmestellen, wie es etwas sperrig heißt, hätten um diese Uhrzeit entweder zu oder keinen Platz. Ob ich nicht kommen und mich kümmern könnte?

Meine spontane Reaktion war: »Leute, um die Zeit fahre ich nicht mehr ins Büro. Was soll ich da auch mit dem Kind? Wenn ihr gar nicht wisst, wohin, dann bringt ihn halt her.«

Die offizielle Bezeichnung für eine solche Maßnahme lautet: »Polizeilicher Schutzgewahrsam«.

Ich zog mich wieder an und wartete. Anders als bei meiner ersten Begegnung mit Alex hatte ich keine Ahnung, was passiert war. Es gab nur diesen Anruf, keine Akte, die Aufschluss darüber geben könnte, was genau vorgefallen war.

Die Kollegen fuhren mit zwei Streifenwägen vor. Aus einem wurde ein Bündel herausgehoben, eine Beamtin trug es herein und blieb etwas unschlüssig im Flur stehen.

Wohin?

Der Junge schlief. Ich sagte ihr, sie solle ihn auf das Sofa legen, im Wohnzimmer.

Nach ein paar Minuten waren alle wieder weg. Der Kleine lag da, eingeschlagen in seine Decke und rührte sich nicht. Alles wirkte ganz friedlich. Ein süßer Knopf im Kindergartenalter, mit dunklen Locken und langen Wimpern. Vorsichtig schob ich ihm ein Kissen unter. Dabei rutschte die Decke ein wenig herunter. Die Bündchen an seinem Pullover waren verkokelt, es stank nach kaltem Rauch. In der ganzen Aufregung vorher war mir das gar nicht aufgefallen, jetzt war es eine Wahrnehmung, die alles überlagerte.

Eine Weile hockte ich neben ihm auf dem Sofa, unfähig, etwas anderes zu denken als: Was haben sie dir angetan? Irgendwann stand ich auf und ging die Treppe hinunter zu Alex' Zimmer.

*Es war wirklich eine krasse Situation. Du wirst aufgeweckt, und dann steht einer vor deinem Bett, den du erst seit ein paar Jahren offiziell Vater nennst, und sagt nur: Du, die haben gerade einen gebracht, dem ist das Gleiche passiert wie dir. Es war sofort alles wieder da.*

*Ich habe mir etwas übergezogen, dann sind wir hintereinander die Treppe hochgetappt. Im Wohnzimmer lag er dann. So winzig, so verletzlich. Allein das zu sehen war heftig. Wir haben uns dann neben ihn gesetzt, einer rechts, einer links. Taps, der um diese Uhrzeit normalerweise keinen Fuß mehr vor den anderen setzt, ist aus seinem Korb aufgestanden, hat sich vor das Sofa gelegt und uns nicht aus den Augen gelassen.*

Wir saßen einfach nur da. Keiner hat etwas gesagt, jeder hatte seinen eigenen Film am Laufen.

*Als der Kleine neben mir lag, habe ich immer nur daran gedacht: Was hat der gesehen, was hat der mitbekommen, was für Bilder hat der im Kopf? Keiner von uns wusste, was für eine harte Geschichte dahintersteckte. Bei mir ist immer alles da, auch heute noch, nach all den Jahren. Ich habe einmal zu der Psychologin, die mich damals auf den Prozess vorbereitet hat, gesagt, ihre Arbeit ist wichtig, aber sie kann nichts gegen die Zeit setzen.*

Wie lange dauert Zeit?

In dieser Nacht tickte sie nur langsam herunter. Ich stand auf, holte mir einen Schnaps, dann noch einen. Ich wusste nicht, was sagen, was tun.

Baden. Wir sollten ihn vielleicht baden, aus diesen stinkenden Klamotten herausholen.

Alex und ich trugen den Kleinen ins Badezimmer, schälten ihn aus seinen Sachen und wuschen ihn vorsichtig ab. Er wurde kurz wach, blinzelte uns an. Das Licht, Energiesparlampen machen einfach ein verdammt kaltes Licht.

Und nun? Wir hatten nichts, was wir ihm hätten anziehen können. Alex packte ihn in seinen Bademantel, dann legten wir ihn in mein Bett, rechts und links ein Kissen, damit er nicht hinausfiel.

Was diese Nacht angeht, habe ich überhaupt kein Zeitgefühl. Ich weiß nicht, wie lange wir auf dem Sofa saßen, wie oft wir bei jedem Geräusch, das wir aus dem Schlafzimmer hörten, aufsprangen und hinüberliefen. Alex ist irgendwann eingenickt. Das Letzte, an das ich mich erinnere, war, dass mir speiübel war.

Am nächsten Morgen weckte Alex mich auf. Ich hing auf einem Sessel in meinem Schlafzimmer, völlig gerädert. Der Kleine lag in der Mitte des Bettes, so wie wir ihn ein paar Stunden zuvor hingelegt hatten.

Nach dem Frühstück rief ich den Leiter des Opferschutzkommissariats an. Ich wollte wissen, ob er bereits über die Ereignisse der vergangenen Nacht Bescheid wusste – wusste er –, und ihn fragen, wie es weitergehen sollte. Ob ich den Kleinen nun auf die Dienststelle oder in eine Einrichtung bringen sollte, die sich um ihn kümmerte. Mein Vorgesetzter sagte ohne große Umschweife: »Wir haben nichts, es gibt niemanden, der sich um den Buben kümmern könnte. Bleib zu Hause, mit dem Jungen. Wir können die Sache mit dem Schutzgewahrsam drei, vier Tage spielen, danach kann man ihn noch in Obhut nehmen. Wenn sich bis dahin nichts getan hat ...«

In den ersten beiden Tagen hat der Kleine nicht ein Wort gesagt. Er wollte nichts essen, nichts trinken, war völlig apathisch. Er saß auf dem Sofa, starr, ohne jede äußere Regung. Das mit anzusehen war kaum auszuhalten. Und es hat mir Angst gemacht.

Es war Taps, der die Starre aufgebrochen, den Jungen zum Leben zurückgebracht hat. Am Nachmittag des dritten Tages stand er auf, trabte zum Sofa und schleckte dem Kleinen die Füße ab. Ein kleines Lächeln, dann ein lautes Prusten und am Ende das Wort »Mama«.

Taps ist inzwischen vierzehn Jahre alt, ich habe ihn von Freunden bekommen, als er sieben Wochen alt war. Sie waren der Meinung, nach dem Tod meines ersten

Hundes sei ich unausstehlich gewesen. In den ersten Jahren war er überall dabei; auf der Dienststelle, bei Fahrten, die wir mit Jugendlichen unternahmen. Alex und er sind gemeinsam »groß« geworden. Taps war auch bei ihm ein wichtiger Türöffner. Der Hund hat eine große Wirkung auf Kinder, sie zeigen ihm gegenüber Gefühle, die sie bei Menschen nicht zeigen können.

Auch Alex hat sich in diesen ersten Tagen sehr um den Kleinen bemüht, ihn immer wieder angesprochen, Spielsachen aus dem Keller hochgeschleppt, versucht, ihn abzulenken. Aber außer dem »Mama« war ihm kein Wort über die Lippen gekommen. Nur den Hund strahlte er an, wenn der schwanzwedelnd auf ihn zukam.

Am Abend des dritten Tages brachte Alex den Kleinen gegen halb sieben ins Bett. Von Freunden hatten wir inzwischen jede Menge Spielsachen bekommen, aber auch ein Kinderbett, das wir bei Alex im Zimmer aufgebaut hatten. Als er ins Wohnzimmer zurückkam, sagte er zu mir: »Den Kleinen könnten wir doch gleich dabehalten.«

»Wie stellst du dir das denn vor? Ich kann hier nicht noch mehr Kinder aufnehmen.«

»Ja, aber den können wir nicht alleinlassen, dem müssen wir helfen.«

»Ich weiß nicht. Wir wissen nichts, gerade einmal seinen Namen.«

*Ich war mir sicher, wenn es einer schafft, dann Carlos. Wobei er wahrscheinlich auch Angst hatte, dass es für mich eine Art Déjà-vu-Situation werden könnte. Ich hatte keine Furcht davor, dass mir durch den Kleinen meine eigene Vergangenheit tagtäglich gespiegelt werden könnte. Die war sowieso da. Es ging vielmehr darum, dass ich mich in seine Situation hineinversetzen konnte.*

*Als ich darüber nachgedacht habe, was mit dem Kleinen passieren soll, war es eigentlich klar. Es war aussichtslos für ihn. Es gab niemanden, es würde niemanden geben.*

*Was wäre aus mir geworden, wenn ich nicht diese Möglichkeit bekommen hätte, mit Carlos einem Menschen zu begegnen, der einfach ja gesagt hat? Zu mir, mit all meinen Macken und dem, was ich erlebt habe. Ich hatte diesen kleinen Wurm auf dem Schoß, habe ihn angesehen und gedacht, du brauchst diese Chance – sonst bist du weg, und zwar schon in jungen Jahren. Und das hast du nicht verdient. Ich habe fest daran geglaubt, dass ich ihm helfen kann, dass wir ihm helfen können.*

*Das Wichtigste für meinen Vater war vielleicht, dass der Vorschlag damals von mir kam, dass ich die Entscheidung mittragen würde. Carlos hatte ja in der Vergangenheit erlebt, wie zerstörerisch ich sein konnte, wie groß meine Verlustangst war, wenn es darum ging, jemand anderen in unsere Beziehung hereinzulassen. Einen Menschen, mit dem ich ihn teilen musste. Eine Frau, eine Mutterfigur, hätte ich nicht zulassen können. Aber der Kleine war einfach so hilflos und bedürftig, dass ich es nicht gepackt hätte, wenn wir ihn alleingelassen hätten.*

In den nächsten Tagen versuchte ich, von meiner Wohnung aus die weiteren Schritte in die Wege zu leiten. Ich kontaktierte ein Amt nach dem anderen, keines fühlte sich zuständig, weil der Vater des Jungen nirgendwo offiziell gemeldet war. Da der Kleine derzeit bei mir in Dachau untergebracht war, erklärte München kurzerhand das dortige Jugendamt für zuständig. Die wiederum wollten davon nichts hören. Als ich meinen Chef über das Gerangel informierte, platzte ihm der Kragen. In ein paar Tagen wären unsere Möglichkeiten erschöpft, die Kollegen von der Mordkommission würden bereits darüber diskutieren, ob man den Jungen dann in ein Krankenhaus bringen müsse. Ein traumatisiertes Kind in einer sterilen, kalten Atmosphäre und überall Weißkittel. Das konnte es nicht sein.

# Eine Frage der Ehre

Nein, er bereue es nicht, seine Frau getötet zu haben. Er würde es wieder tun. Denn diese Gesellschaft würde ihm gar keine andere Wahl lassen. »Weil hier die Frauen so viele Rechte haben, werden sie unverschämt.«

Die Unverschämtheit seiner Ehefrau hatte darin bestanden, die Scheidung einzureichen. Nach Jahren der gewalttätigen Übergriffe, nach Jahren der Angst. Er hatte versucht, sie zu erwürgen; danach war eine einstweilige Verfügung erlassen worden, eine Kontaktsperre, an die er sich nicht hielt. Das wiederum erfüllte keinen Straftatbestand, weil es sich um eine zivilrechtliche Maßnahme handelte. Immer wieder lauerte er ihr auf, auf dem Heimweg, vor der Wohnung, in die er mehrfach einzusteigen versuchte. Auf dem Fensterbrett deponierte er eine selbstbesprochene Tonbandkassette mit Schmähungen. Ungehorsame Frauen wie sie, die Schande über ihre Familie brächten, sollten in der Hölle schmoren. Vor dem Schwurgericht sagte er dazu: »Sie sollte wissen, dass sie schuldig ist und eines Tages dafür bestraft werden wird.« Seine Kultur und seine Religion hätten ihm erlaubt, dies zu tun.

Einige Wochen vor ihrem Tod hatte die junge Frau einen Antrag auf Prozesskostenbeihilfe gestellt, damit sie die Scheidungsverhandlung vor dem Familiengericht finanzieren konnte. Als Grund für die Scheidung hatte sie unter anderem aufgeführt, sie fürchte um ihr Leben, da ihr Mann glaube, sie habe seine Ehre und die seiner Familie beschmutzt. Das Verwaltungsgericht lehnte diesen mit der Begründung ab, dass eine »Gefährdung wegen Familienehre« eine Art von »Folklore« sei, die in den besonderen »Gepflogenheiten« gewisser Länder verankert sei, bei der es sich aber nicht um eine »individuelle Gefahr« handle.

Die Folgen waren, dass sie und ihr Sohn nur vorübergehend in einem Frauenhaus bleiben konnten und dass sie außerdem der Residenzpflicht unterlag. Mit anderen Worten: wieder in ihre Wohnung zurückkehren musste.

Eine Woche vor dem Mord stand er vor Gericht: wegen Bedrohung und Körperverletzung seiner Frau. Die Verhandlung musste vertragt werden, weil Dokumente fehlten.

Die nächste Begegnung fand ein paar Tage später vor dem Familiengericht statt. Dem Antrag auf Scheidung wurde stattgegeben; zu einer Freundin sagte sie nach der Verhandlung: »Heute ist der glücklichste Tag in meinem Leben.« Drei Stunden später starb sie an ihren schweren Verletzungen. In einem Brief hatte er ihr einmal geschrieben, sie sei eine Frau mit »schwarzem Herzen, die die Erde auf ihren Händen tanzen lassen« wolle. Aber eines Tages werde er die Welt in ihren Händen »explodieren lassen«. Vieles von dem wurde erst während des Prozesses ein Jahr nach dem Mord bekannt.

Als das Jugendamt München schließlich nach einigem Gezerre seine Zuständigkeit einräumte, hatte ich mich längst entschieden. Wir würden keine Pflegefamilie suchen, keinen Heimplatz, der Junge würde hier ein Zuhause bekommen. Ich hatte meinen Chef angerufen und gesagt: »Ich habe schon einen, also kann ich den zweiten auch noch nehmen. Wir behalten ihn hier.«

Zuständig war die gleiche Beamtin, die sich auch schon um Pflegschaft und Vormundschaft bei Alex gekümmert hatte. Auch in den Gremien, bei denen ich wieder vorsprechen musste, ging es schnell. Vielleicht auch, weil man Befürchtungen hatte, dass der »Ehrenmord« noch nicht zu Ende gebracht war. Der Junge hatte überlebt, womit die »Schuld« nicht vollständig gesühnt, die Ehre nicht ganz wiederhergestellt war. In der Zeit, bis über meinen Antrag entschieden war, trug ich zum ersten Mal seit Jahren wieder eine Waffe bei mir, wenn ich das Haus verließ.

Über den Kinderschutzbund kontaktierte ich eine Dachauer Psychologin, zu der ich den Kleinen regelmäßig hinbrachte, in der Hoffnung, das Schlimmste ein bisschen abzufedern. Sie spielte mit ihm, er malte Bilder, fasste langsam Vertrauen, auch zu mir und Alex. Es war anders als bei meinem ersten Sohn. Er war deutlich älter gewesen, und auch wenn es gedauert hat, wir konnten reden. Bei dem Kleinen hatte ich das Gefühl, das Erlebte geht noch tiefer, ist nur Emotion. Das kann man ohne Hilfe nicht auffangen.

Alex war damals siebzehn. Es war Wahnsinn, wie stark er sich um den zwölf Jahre jüngeren Buben gekümmert hat. Die Bindung zwischen den beiden war von Anfang an eng, er war der »Buddy«, der große Bruder, der ihn überallhin mit genommen hat.

*Ich war alt genug, dass man von mir Verantwortung erwarten konnte, und ich habe es gerne getan. Am Anfang war der Kleine das schwächste Glied in der Familie, wir haben uns sozusagen von oben nach unten gekümmert. Aber langsam übernimmt er eigene Aufgaben, wobei das ja kein Muss ist, sondern auch ein Privileg, wenn andere einem was zutrauen. Alleine mit der S-Bahn fahren, sich um den Hund kümmern ... Manchmal finde ich es fast schade, dass er nicht mehr so klein ist.*

*Vom Wesen her ist er unglaublich positiv und lieb. Wenn ich manchmal an ihn denke oder ihn sehe, könnte ich heulen, wenn ich noch heulen könnte.*

*Dass wir eine Familie geworden sind, macht mich stolz und glücklich. Dass Carlos sich dafür entschieden hat, lieber Vater zu sein als Partner. Dass wir einander helfen, auch wenn nicht immer alles eitel Sonnenschein ist. Es ist ein gutes Gefühl, wenn man weiß, der andere ist für einen da, egal um was es geht. Und letzten Endes ist diese Familie das Einzige, was wir haben. Was bleibt.*

Als Alex an einem Abend während der Arbeit an diesem Buch diese Sätze gesagt hatte, hätte ich heulen können. Er war nie einer, der groß danke gesagt hätte, wofür auch. Aber er hat immer ein Gefühl vermittelt, dass er hier bei mir einen Ort gefunden hat, der ihm Halt gibt. Dass er das an den Kleinen weiter- und mir ein Stück weit zurückgeben wollte, hat mich sehr berührt. Und damit hat sich in gewisser Weise ein Kreis geschlossen.

## Rituale

Es gibt so viele andere Menschen auf der Welt, die auch Pflege- oder Adoptivkinder angenommen haben. Deren Geschichte aber nirgends erzählt wird. Ich bin immer noch gespalten, was das Erzählen meiner angeht. Weil ich sie so normal finde; gleichzeitig scheint sie offenbar nicht normal zu sein, sondern besonders zu würdigen, wenn jemand »menschliche Größe, Verantwortungsgefühl und Selbstlosigkeit« zeigt. Mit diesen Worten wurde ich vor einigen Jahren vom damaligen Polizeivizepräsidenten Jens Viering für meine »Leistungen« geehrt.

Ich empfinde das, was ich getan habe und tue, nicht als Leistung oder Arbeit. Es ist mein Leben, so wie ich bin. Mag sein, dass durch das, was ich selbst erlebt habe, in mir der Wunsch entstanden ist, etwas weiterzugeben. In diesem Zusammenhang habe ich einmal gesagt, das sei ich meinem Leben schuldig. Ich bin geprägt worden von der Art, wie mich die Nonnen nicht nur auf-, sondern angenommen haben. Von Menschen wie Sr. Augusta und Evi Stölzle, die sich auf das konzentriert haben, was in jedem von uns steckt, egal was er für eine Geschichte hat: Ihnen ging es um das Menschliche, um das Aufeinander-Zugehen und das Signal, du kannst kommen. Sie haben versucht, mit dem Herzen zu sehen und nicht durch eine Brille aus gesellschaftlichen Gepflogenheiten und Normen. Sie haben uns Kinder nicht in Kategorien eingeteilt, sondern uns in dem bestärkt, wie wir waren, nicht, wie wir zu sein hatten.

Wir lassen uns viel zu sehr von außen diktieren, was wir tun oder lassen sollten. Was richtig ist und was falsch. Vielleicht habe ich durch die Schwestern gelernt, dass man sich einfach trauen muss, seinen Weg zu gehen. Zu dem zu stehen, wozu man ja gesagt hat. Egal wie kurvenreich und beschwerlich dieser Weg manchmal sein kann. Vor dem, den ich eingeschlagen habe, hätte ich auch zurückschrecken können. Aus Angst zu scheitern, der Verantwortung nicht gerecht werden zu können, vor dem Gerede der Leute und, und, und. An manchen Tagen hatte ich diese Angst – aber erst, nachdem ich losgelaufen war. Hätte ich mir von Anfang an Angst einjagen lassen, vor einer Aufgabe, die vielleicht zu groß sein könnte, wäre ich nicht losgelaufen.

Das versuche ich auch meinen Jungs zu vermitteln. Lebt euer Leben so, wie ihr seid, traut euch. Manchmal ist es das Einfachste auf der Welt, zu sich und zu seinen Entscheidungen zu stehen, wenn man es erst einmal gewagt hat.

Die beiden sind ein Geschenk für mich. Wenn Alex heute sagt, dass er durch unsere Gespräche Stabilität gewonnen hat, dass er weiß, wer er ist und wo er steht, dass es darum geht, authentisch zu bleiben, sich selbst gegenüber ehrlich und anderen gegenüber respektvoll zu bleiben, weiß ich, dass vieles richtig war. Auch wenn ich nicht nach wissenschaftlichen Erkenntnissen, sondern aus dem Bauch heraus gehandelt habe.

Wir hatten gewisse Rituale, die im Nachhinein sehr

wichtig waren. Gemeinsame Abendessen und jeden Sonntag lange zusammen frühstücken und reden. Reden, reden, reden. Man muss kommunizieren, man darf nicht ausweichen oder etwas totschweigen. An manchen Abenden war ich hundemüde, aber wir haben trotzdem gemeinsam gekocht und noch eine Weile zusammengesessen. Banal eigentlich, doch so etwas ist heute nicht mehr selbstverständlich.

Ein anderes Ritual waren gemeinsame Friedhofsbesuche. Alex war das immer wichtig, am Geburtstag seiner Mutter und am Heiligen Abend vormittags zum Grab zu gehen.

Nun waren wir auf einmal zu dritt. Der Kleine hat anfangs nicht viel davon verstanden, was ein Grab ist oder ein Friedhof. Als er größer war, habe ich gemerkt, dass er teilhaben wollte an dem, was wir dort taten. Wir suchten ein Grab in der Nähe, um das sich niemand mehr kümmerte und wo er nun frische Blumen oder ein Gesteck ablegen konnte. Seine Mutter hat kein Grab in Deutschland, sie ist in ihrer Heimat beerdigt worden. Seit Alex den Führerschein hat, fahren die beiden allein zum Friedhof. Es ist ein weiteres enges Band zwischen den Jungs, ein Moment des Gedenkens an die verlorenen Mütter, bei dem ich nicht stören möchte.

# Johannesburg

*Ich weiß, wo ich hingehöre, wo meine Familie, wo meine Heimat ist. Familie heißt für mich nicht Blutsverwandtschaft, sondern Menschen, zu denen man eine Beziehung hat, denen gegenüber man etwas empfindet. Wenn man nichts empfindet, kann man letztlich auch nicht enttäuscht sein.*

Carlos Benede

Ein paar Wochen vor der Fußballweltmeisterschaft 2010 bekam ich eines Nachmittags einen Anruf von einer englisch sprechenden Frau, die aufgeregt auf mich einredete. Mein Englisch ist nicht besonders gut, ich konnte mir keinen Reim darauf machen, was sie wollte und warum sie immer wieder von »sister« und »mother« sprach. Ich versuchte ihr klarzumachen, dass ich sie später zurückrufen würde, wenn mein Sohn Alex vom Training zurück sei. Er würde dann das Reden übernehmen.

Als er kam, erzählte ich ihm von dem seltsamen Anruf. Aus dem Ausland, mit einer 0027er-Vorwahl. Von einer Frau, die behauptet hatte, sie sei meine Schwester. Alex sah mich mit großen Augen an.

»Du hast eine Schwester? Und woher hat die unsere Nummer?«

»Ich habe keine Ahnung. Kannst du die mal zurückrufen?«

Alex suchte die Nummer aus der Anruferliste und drückte die Wähltaste. Während ich auf und ab lief, hörte ich, wie er sich kurz vorstellte, hin und wieder ein paar Fragen dazwischenschob, ansonsten der Stimme am anderen Ende der Leitung lauschte. Ich schwankte zwischen Gleichgültigkeit und Nervosität. Was sollte das alles? Wie kamen die plötzlich auf mich? Nach all den Jahren. Warum ausgerechnet jetzt?

Als Alex aufgelegt hatte, sagte ich nur: »Und?«

»Es geht um deine Mutter. So wie es aussieht, geht es ihr nicht besonders gut. Vor ein paar Tagen hat sie ihren Kindern offenbar gesagt, dass es da noch jemanden gibt. In Deutschland. Dein Onkel Pepito aus Spanien hat ihnen unsere Telefonnummer weitergegeben. Wenn ich das richtig verstanden habe, hast du drei Halbschwestern. Susan und Agustina, die mittlere ist vor einigen Jahren bei einem Unfall gestorben. Das am Telefon war Susan. Sie hat gefragt, ob du nicht kommen willst. Nach Johannesburg. Jetzt, wo es mit ihr vielleicht zu Ende geht.«

*Ich kenne meinen Vater, ich weiß, dass er sehr emotional ist, tief drinnen, bei manchen Dingen nur für sich selbst. Dieser Anruf war sicher eine irre Belastung. Aber wie immer hat er sehr darauf geachtet, dass davon nicht viel nach außen dringt. Ich kenne das von mir selbst, dass ich niemanden mit meinen Gefühlen belasten will. Ich ahnte, dass ihm hier vielleicht eine Sache um die Ohren fliegen könnte, die er noch nie wirklich verarbeitet hatte, es vielleicht auch bislang nie musste. Weil diese Frau nie eine Rolle gespielt hat, er keinen Kontakt zu ihr hatte. Es war nicht so wie bei mir, dass diese Lücke ganz plötzlich und unerwartet geschlagen worden war. Sie war immer da und auch wieder nicht. Weil er es nicht anders kannte. Und nun war er auf einmal damit konfrontiert. Aus dem Nichts. Dass jemand von seiner Mutter aus welchen Gründen auch immer abgeschoben wird, nie wieder etwas von ihr hört und dann als Erwachsener, als gestandener Mann mit zwei Söhnen, so durchgerüttelt wird, das fand ich wirklich krass. Die Vorstellung, dass man plötzlich einer völlig fremden Frau gegenübersteht, einem Menschen, zu dem man überhaupt keine Bindung hat ... Aber es ist deine leibliche Mutter. Und du weißt das auch und hast trotzdem keine Ahnung, was du sagen sollst, wie du damit umgehen sollst. Als ich aufgelegt hatte, war mir bewusst: Wenn er fahren würde, war klar, dass es eine sehr intensive Reise werden würde. Und dass er sie eher wegen der Schwestern antreten würde. Ich konnte mir gut vorstellen, dass er sicher neugierig auf die beiden sein würde, die den Kreis der Benedes erweitern könnten. Doch wegen der Mutter?*

Nach dem Anruf hockten wir nebeneinander auf dem Sofa. Ich konnte im ersten Moment überhaupt nichts sagen. Es war wie in einem schlechten Film: Eine Frau liegt im Sterben und lüftet im Angesicht des nahen Todes ein großes Geheimnis. Noch schnell reinen Tisch machen. Der verlorene Sohn aus Deutschland. Drei Halbschwestern, eine Familie irgendwo in Afrika. Nirgendwo in Afrika.

Am nächsten Morgen sprachen wir beim Frühstück nicht viel. Alex musterte mich immer wieder verstohlen. Ich war müde, gerädert, hatte in der vergangenen Nacht die Kurve nicht bekommen, zu viel getrunken. In die Stille hinein hörte ich mich sagen: »Wir fahren. Alle drei. Ein paar Tage, über Pfingsten.«

Eine Woche später saßen wir im Flugzeug nach Johannesburg; ein Nachtflug, über dreizehn Stunden lang. Per Mail hatte ich ein paar Fotos bekommen, von meinen

Schwestern und ihren Familien, meinen Nichten und Neffen. Einer war genauso alt wie Alex. Als wir am nächsten Vormittag durch das Gate kamen, erwartete uns ein richtiger Menschenauflauf, an die zwanzig Leute. Eines der Kinder hielt ein selbstgemaltes Schild in der Hand: »Willkommen, Carlos«. Es war verrückt. Reihum schüttelten wir Hände, stellten uns vor, hörten Namen, Familienkonstellationen, von denen mir schon nach ein paar Minuten der Kopf schwirrte. Der Empfang war herzlich, aber mit einer gewissen Distanz, die dem anderen Raum gelassen hat.

Wir drei stiegen bei Agustina, meiner jüngsten Halbschwester, ins Auto. Wir hatten von Anfang an einen Draht zueinander. Sie ist vom Wesen her sehr offen und fröhlich. Das hat mir gefallen, in ihr habe ich mich irgendwie wiedererkannt. Die stärkste Verbindung an jenem ersten Tag kam jedoch durch ein Gefühl zustande, das Agustina, Susan und ich teilten: die Wut und Enttäuschung darüber, dass wir nie voneinander erfahren hatten.

Agustina nahm kein Blatt vor den Mund und sprudelte regelrecht drauflos. Ich hatte Mühe, alles zu verstehen, Alex musste immer wieder übersetzen. Der Grundton war aber klar – was das angeht, hätte sie auch chinesisch sprechen können. Sie habe sich immer schon einen Bruder gewünscht, das habe ihre Mutter auch gewusst. Sie könne nicht im Geringsten begreifen, warum diese so lange geschwiegen habe. Wie müsse es mir erst damit gehen … wie war eigentlich der Flug? … aber jetzt kommt erst mal richtig an, ihr müsst ja ganz kaputt sein …

So ging es die ganze Fahrt über weiter. Ich kann das

heute gar nicht mehr richtig wiedergeben, doch die Eindrücke, die auf mich einprasselten, waren gewaltig. Ein fremdes Land, fremde Menschen, die plötzlich Familie waren und auf die ich neugierig war, gleichzeitig unsicher, was in den nächsten Tagen alles auf mich zukommen würde.

Das Haus, in dem meine leibliche Mutter lebt, liegt in einem gemischten Viertel, in dem die Weißen in der Unterzahl sind. Die Unterschiede bei den Behausungen waren enorm, man sah sofort, wer wo wohnte. Wir rollten durch ein Tor in einer hohen Mauer, selbst die Fenster im Erdgeschoss waren vergittert. Im Hof tummelten sich ein paar Hunde, weshalb mein jüngerer Sohn gleich draußen blieb, um mit ihnen zu spielen.

Gemeinsam mit Alex und Agustina ging ich ins Haus. Seit einem schweren Infarkt sei die Mutter angeschlagen, erzählte sie, kein Pflegefall, aber man müsse sich eben kümmern. Im Moment würde Susan das übernehmen, doch niemand wisse, wie lange das gutgehe und ob man sie nicht in naher Zukunft in einem Heim unterbringen müsse.

Und dann standen wir uns zum ersten Mal gegenüber. Eine schmale Person in Rock und Bluse, eine Strickjacke über den Schultern. Das Einzige, was ich in diesem Moment herausbrachte, war ein dürres: »Hallo.« Sie kam auf mich zu, zögerte einen Moment und umarmte mich. Ich hatte den Eindruck, sie würde mich gleich erwürgen. Es war mir unangenehm, zumal sie auch gleich zu weinen anfing. Die ganze Situation war beklemmend und hatte, was sie anging, etwas sehr Theatralisches. Ich hatte den Eindruck, einer Inszenierung beizuwohnen, einer sonderbaren Mischung aus Selbstmitleid und Schuld. Ich wusste nichts vom Leben dieser Frau und mochte mir kein Urteil anmaßen über das, was in ihr vorgegangen sein mag. Aber Selbstmitleid ist etwas, mit dem ich nicht gut umgehen kann.

Diese erste Begegnung dauerte nicht lange, eine Stunde vielleicht, wobei wir uns die meiste Zeit anschwiegen. Ich fühlte mich leer, alle Gedanken in meinem Kopf waren mit einem Mal wie weggewischt. Wenn sie mich ansprach, zuckte ich fast zusammen. Sie wollte wissen, was ich mache, wo ich arbeite, wie ich lebe. Sie sprach noch etwas Deutsch, dazwischen ein paar Sätze Spanisch, das ich zwar einmal gelernt, aber in den letzten Jahren kaum angewandt hatte. Der Rest unserer »Unterhaltung« lief auf Englisch, Alex übersetzte.

*Bei uns ist es wegen meiner Geschichte ja oft so, dass ich im Mittelpunkt stehe, wenn wir gemeinsam irgendwo hinkommen. Mir tut das manchmal richtig leid für ihn, dass sich alles um mich dreht, weil ich ja der arme adoptierte Junge mit dem grausamen Schicksalsschlag bin. In Südafrika war das anders. In dem Moment, in dem wir dieses Zimmer betreten hatten, war klar, es geht um ihn und nur um ihn.*

*Als sie aufstand, um ihn zu umarmen, hat man deutlich sehen können, wie schwer er sich damit getan hat. Zu merken, dass emotional gar nichts in einem vorgeht, weil die Bindung fehlt, muss verdammt hart sein. Aber wo hätte die Emotion auch herkommen sollen?*

*Worüber im Einzelnen geredet wurde, weiß ich nicht mehr so genau. Carlos versteht sicher mehr Englisch, als er zugeben würde oder sich zutraut, aber wenn es schnell geht oder emotional aufwühlend wird, hat er Angst, dass ihm die Details entgehen. Wenn jemand übersetzen muss, ist das nicht nur anstrengend für alle Beteiligten. Das Gesagte hat auch nicht die gleiche Unmittelbarkeit. Da geht es um Feinheiten, um Betonungen, um Zwischentöne, um direkte oder indirekte Wertungen, die verlorengehen können, selbst wenn man sich bemüht.*

*Von dieser ersten Begegnung ist mir vor allem hängengeblieben, wie groß seine Erleichterung war, als sie sagte, sie müsse sich etwas ausruhen.*

Ich war froh, an die Luft zu kommen. Nach einem kurzen Rundgang durch das Viertel fuhren wir zu Agustinas Haus, in dem wir auch übernachten sollten. Eine richtig tolle Hütte, die mich an eine Ranch erinnerte, mit sehr viel Holz im Inneren, einem Kamin und sehr gemütlich. Nach dem Abendessen stellte Agustinas Mann eine Flasche Whisky auf den Tisch. »Ein guter Tropfen, passt ja für diesen Tag.« Meine Schwester erzählte von ihrer Kindheit in Südafrika und von ihrem Vater, der vor ein paar Jahren an Krebs gestorben war. Nach dem Anruf hatte ich darüber nachgedacht, ob der Vater meiner Schwestern auch mein Vater war. Als die Fotos gekommen waren, war klar, es muss ein anderer Mann gewesen sein. Ich war der einzige mit dunkler Hautfarbe, meine Mutter und meine Schwestern sind weiß.

Erst jetzt, bei den Arbeiten an diesem Buch, übergab mir die jetzige Leiterin des Kinderheims Kalzhofen einige Briefe, die im Archiv aufbewahrt worden waren. In einem Schreiben des Jugendamts Lindau findet sich die

Zeile: »Im Februar 1969 ist die Kindsmutter zusammen mit ihrem Ehemann nach Spanien zurückgekehrt und hat damals versprochen, den Sohn baldmöglichst nachzuholen. Seitdem haben wir von ihr nichts mehr gehört. Wir bitten Sie [die Heimleitung] um die Mitteilung, ob sich die Mutter um Carlos kümmert und ob Ihnen gegebenenfalls ihre Anschrift bekannt ist.« Der Brief stammt aus dem Jahr 1971. In der Antwort heißt es, Kontakt bestehe keiner, »weil die Mutter unbekannt verzogen ist«.

In den Akten hat später jemand die alte Allgäuer Adresse durchgestrichen und mit blauem Kugelschreiber das Wort »Afrika« darüber notiert. Wann diese Korrektur erfolgte, lässt sich nicht mehr nachvollziehen. Ich hatte erst durch den Anruf meiner Halbschwester vom neuen Wohnort meiner Mutter erfahren.

Alex wich mir den ganzen Abend nicht von der Seite, er spürte, dass es mir nicht gutging, meine Stimmung jeden Moment kippen könnte.

*Carlos war die ganze Zeit über, vor allem aber an diesem Abend, sehr unter Spannung. Teilweise ist er einfach nur dagesessen, war völlig in sich gekehrt, als würde er überhaupt nicht mitbekommen, was um ihn herum vorgeht. Als er dann etwas gesagt hat und dabei die Finger auseinanderspreizte, wusste ich: Jetzt geht es ans Eingemachte, jetzt steht er ultimativ unter Druck.*

Ich weiß nicht mehr, ob es die Anspannung, der lange Flug, der uns noch in den Knochen steckte, oder ein Glas zu viel war, ich weiß nur noch, dass mit einem Mal alles aus mir herausgebrochen ist. Ich habe nur noch geheult und immer wieder gefragt: »Warum? Warum? Ich verstehe es einfach nicht.« Niemand verstand es, niemand hatte eine Antwort.

Nachts, im Gästezimmer, bekam ich kein Auge zu. Ich habe mich nur herumgewälzt, immer wieder das Licht angeknipst. Am Morgen stand meine Entscheidung fest: Bei unserem nächsten Treffen würde ich sie festnageln. Ich wollte wissen, wieso, warum und vor allem, wer mein Vater war. Es war mir egal, wie es ihr dabei gehen würde, ob sie der Situation nervlich oder körperlich gewachsen war. Ich wollte es einfach wissen. Ich hatte ein Recht darauf. Deswegen war ich hier. Beim Frühstück warnte ich Agustina vor. Sie hatte kein Problem damit und meinte, sie stehe in allem voll hinter mir. Außerdem habe auch sie ein Interesse daran, mehr zu erfahren.

## Grüße an Mutter

Im Haus meiner Mutter angekommen, ging ich hinauf in ihr Zimmer, öffnete die Tür und forderte sie ohne weitere Umschweife auf zu reden. Sie begann sofort wieder zu heulen, bekam kaum ein Wort über die Lippen. Je länger es dauerte, umso ungeduldiger wurde ich. Nach einer Weile platzte es aus mir heraus: »Ich bin jetzt nicht den weiten Weg hierher gekommen, um dir deine Tränen zu trocknen.«

Das war vielleicht hart, mag herzlos geklungen haben, aber sie hat gemerkt, dass es mir ernst war.

Die Erzählung war wirr, immer wieder geriet sie ins Stocken, Nachfragen wich sie immer wieder aus, schob es auf ihre Gedächtnislücken, die lange Zeit, Junge, du musst das verstehen. Sie sei sehr jung mit mir schwanger gewesen, offenbar von einem Franzosen aus den ehemaligen Kolonien, einem Dunkelhäutigen. Ein gewisser Henri, der im Konsulat gearbeitet habe. Es sei nicht lange gutgegangen. Dann habe sie ihren Mann kennengelernt, mit dem sie erst zurück nach Spanien und von dort weiter nach Südafrika gegangen war. Zu Francos Zeiten und bei der Macht der katholischen Kirche sei das nicht so einfach gewesen. Und in Südafrika mit der Apartheid ...

»Wir wollten dich ja nachholen, aber du warst so dunkel ... ich wollte dir das nicht antun, ich wollte dich schützen. Wir haben es später doch versucht, aber da wolltest du nicht.«

Versucht, immerhin. Auch wenn sie mich damals nicht zu sich und ihrer neuen Familie nach Südafrika holen, sondern mich nach Spanien schicken wollte. Ich bohrte nach, ob das mit Spanien nicht eher die Idee von Tante Pilar gewesen sein könnte, nachdem diese überhaupt erst von meiner Existenz erfahren hatte. Ob sie mich sofort nach der Geburt weggegeben habe, ohne dass ihre Familie davon wusste.

Antworten auf diese Fragen bekam ich nicht, es war ermüdend. Ich fragte nach Fotos von meinem Vater, Briefen, Dokumenten, sagte immer wieder: »Da muss es doch noch irgendetwas geben.«

Nein, das glaube sie nicht. Das sei ja alles so lange her. Wenn überhaupt, gebe es vielleicht noch ein paar Unterlagen in irgendwelchen Kisten, die sie nach einem Umzug erst gar nicht mehr ausgepackt habe. Wo die seien? Da könne sie sich jetzt nicht daran erinnern.

Nach einiger Zeit fragte ich mich, was ich hier eigentlich tat, warum ich immer weiter nachbohrte. Ich musste an manche Nächte in Kalzhofen denken, in denen ich und mein Zimmergenosse wach gelegen hatten. Was glaubst du, wer deine Eltern sind? Wie sie aussehen? Meinst du, du siehst deinem Vater ähnlicher oder deiner Mutter?

Meinem Vater – das wusste ich nun. Was die anderen Fragen anging, war ich nie gut darin, mir all das auszumalen. Vielleicht weil ich als Kind meine leiblichen Eltern wirklich nicht vermisst habe. Ich wusste, wo ich hingehörte, wo meine Heimat war und wer mir diese Heimat gab.

Es mag seltsam klingen, aber in diesem Augenblick hatte ich das Gefühl, ich beginge Verrat an meinen Müttern Augusta und Evi, wenn ich weiter nachhakte. Wenn ich mich dieser fremden Frau gegenüber wie ein Sohn benahm, Interesse an ihrem Leben zeigte, sie vielleicht sogar »Mama« nannte. Wenn ich diese fremde Frau in mein Leben hineinließ und ihr durch meine Fragen eine Wichtigkeit gab, die sie nie hatte. Ihr ein Forum gab, etwas zu erklären, was nicht erklärt werden konnte. Schon gar nicht mit dem Gerede der Leute oder dem Verweis auf die Apartheid. Sie mochte meine leibliche Mutter sein, auf emotionaler Ebene würde sie diese Rolle nie einnehmen.

Ich stand auf und sagte: »Es ist gut.«

Bis heute ist das Emotionalste, das ich ihr gegenüber äußern kann, dass ich über meine Schwestern »Grüße an Mutter« ausrichten lasse. Vor unserem Abflug haben wir uns noch einmal kurz gesehen. Ich war froh, dass es vorbei war.

Zu meinen Schwestern besteht seit unserer Reise Kontakt. Wir schreiben uns regelmäßig, meine Neffen und Nichten werden uns demnächst besuchen. Es ist eigenartig, dass ich zu ihnen so schnell ein Gefühl entwickelt habe, sie als Teil eines Ganzen sehen konnte, bei dem meine Mutter außen vor war. Vielleicht weil sie uns alle auf unterschiedliche Weise hängengelassen, Teile ihres Lebens auf Schweigen oder Lügen aufgebaut hat.

Die Tage bis zu unserer Heimreise haben wir mit Sightseeing und klassischem Touriprogramm verbracht. Alex und der Kleine spielten mit den Kindern aus der Nachbarschaft Fußball, ich hatte Spaß mit meinen Nichten und Neffen, die mich ganz selbstverständlich mit »Onkel« ansprachen. Die Begegnung mit meiner Mutter hatte mir zugesetzt, aber mich nicht völlig aus der Bahn geworfen. Im Nachhinein hat mich vielleicht am meisten geschmerzt, dass sie mir nichts über meinen Vater erzählt hat. Dass ich bis heute nicht weiß, wer er war, ob er noch lebt und ob es da vielleicht noch eine Familie gibt, die ich nicht kenne.

Vor einiger Zeit erhielt ich von meiner älteren Schwester einen Brief mit der Bitte, mich an den Pflegekosten für meine Mutter zu beteiligen. Ich habe lange mit Evi darüber gesprochen, was ich tun solle. Ob ich verrückt sei, überhaupt darüber nachzudenken. Sie habe sich fünfzig Jahre nicht um mich gekümmert. Ich habe schließlich einen Betrag überwiesen, eine einmalige Sache, meiner Schwester aber geschrieben, dass sie mich nie wieder um so etwas bitten solle.

Als ich mit dem Kleinen vergangenes Jahr in Marokko war, sagte er auf einem Markt in Medina zu mir: »Papa, die sehen irgendwie alle aus wie du!« Ich musste lachen, er hatte recht: Wir waren umringt von dunkelhäutigen Menschen, unter denen ich, anders als in Bayern, überhaupt nicht auffiel. Wir wurden auch nie wie die anderen Touristen um Geld angehauen oder in den nächstbesten Teppichladen gelotst. Ich habe mich in Marokko jedenfalls so wohl gefühlt, dass ich unbedingt noch einmal in dieses Land zurückkommen möchte. Wer weiß, vielleicht liegen hier wirklich meine Wurzeln. Die anderen. Wo die liegen, die mich über fünfzig Jahre getragen haben, weiß ich ja.

# Weitblick

*Die Jungs wissen, dass ich im Heim groß geworden bin. »Gell, du bist auch so einer wie wir«, hat letztens einer zu mir gesagt. Ich habe geantwortet: »Ja, und mir ist es dort gutgegangen. Und du kannst es auch schaffen.« Ich habe zwar einen anderen Hintergrund als sie, aber das ist letztlich egal. Allein die Tatsache, dass ich im Heim aufgewachsen bin, schlägt an. Es ist eine Art Solidaritätsebene, die Türen öffnet. Aber das muss man zulassen können.*

Carlos Benede

Die Idee, ein Heim für Kinder und Jugendliche ins Leben zu rufen, war mir schon lange im Kopf herumgegangen. Anfangs war es nicht mehr als ein Hirngespinst, eine fixe Idee, entstanden durch meine Arbeit im Intensiven sozialpädagogischen Bereich. Ich hatte damals schon die schwierigsten Jugendlichen, aber genau die wollte ich auch. Die, die einen fordern, bei denen es Reibungspunkte gibt. Die Plätze in den ISE-Einrichtungen waren begrenzt, immer wieder mussten Jugendliche abgelehnt werden. Dass die Betreuung in diesen Wohngemeinschaften anders war, sprach sich herum; zum Teil fragten die »Problemkids« direkt – also ohne Zuweisung über das Jugendamt – bei den WGs an, ob wir sie nicht auch noch aufnehmen könnten. Nicht zuletzt aus diesem vielen Neinsagen, weil wir keine Kapazitäten mehr hatten, entstand die Idee, etwas Eigenes aufzuziehen. Außerdem lag darin die Chance, das, was mich an unserem Jugendhilfesystem immer gestört hat, wenigstens in einigen Bereichen zu ändern. Diese Möglichkeit hat man nur in sehr begrenztem Rahmen, wenn man Teil einer kirchlichen oder staatlichen Trägerschaft ist.

Die stärkste Motivation bezog ich aber aus meinen Erfahrungen, beruflichen wie privaten: Ich habe sowohl bei der Polizei als auch während meiner Tätigkeit im Bereich

Intensive sozialpädagogische Einzelbetreuung erlebt, dass es Jugendliche gibt, die keinen Platz haben in unserer Gesellschaft. Die durchs Raster fallen, aus Einrichtungen fliegen, weil sie saufen, kiffen, sich nicht an Regeln halten, immer wieder mit dem Gesetz in Konflikt kommen, auf den Strich gehen und, und, und. Am Ende bleibt die Straße oder der Knast. Genau diese jungen Menschen brauchen einen Platz. Eben weil sie keinen haben.

Für mich liefen mit diesem Vorhaben alle Fäden zusammen. Alles, was ich jemals gemacht habe, alles, was mich jemals geprägt hat. Dieses Projekt ist die Summe meiner inzwischen 52 Lebensjahre. Es ist, neben meinen beiden Jungs, für mich die Möglichkeit, etwas von dem zurückzugeben, was andere mir gegeben haben. Obwohl mich meine Mutter nicht bei sich behalten hat. Obwohl ich im Heim aufgewachsen bin. Obwohl ich auf den ersten Blick nicht die besten Voraussetzungen für ein gutes Leben hatte. Aber ich hatte das Glück, auf meinem Weg Menschen begegnet zu sein, die sich eingesetzt haben, die Werte wie Menschlichkeit, Vertrauen, Toleranz und Liebe gelebt haben. Und zwar ohne das wie eine Monstranz vor sich herzutragen. Sondern ganz selbstverständlich. Frauen wie die Dillinger Schwestern aus dem Kinderheim oder meine Lehrerin Evi Stölzle sind für mich persönlich so etwas wie meine stillen Heldinnen. Das, was ich von ihnen gelernt habe, möchte ich weitergeben. Sie haben wirklich mit dem Herzen gesehen, sich nicht von Vorurteilen oder dem Blick in eine dicke Akte leiten lassen.

# Nicht umsonst

Über einen langen Zeitraum hinweg habe ich vorgefühlt, wer ein solches Vorhaben unterstützen würde. Da ich während meiner Zeit beim Opferschutz viele Leute kennengelernt habe, die so ticken wie ich, waren meine ehemaligen Kollegen mit die Ersten, mit denen ich über meine Pläne gesprochen habe. Einige waren gleich Feuer und Flamme, andere, nicht nur aus dem Kollegenkreis, haben mir eher abgeraten. Das ist doch Wahnsinn, du spinnst ja! Reihum machen die Heime dicht, ein Träger nach dem anderen gibt auf, und das ja wohl nicht ohne Grund. Und du willst jetzt eines aufmachen, auch noch »für solche« ... die kriegen ja »nicht umsonst« keinen Platz mehr.

Genau um dieses »nicht umsonst« geht es. Jeder von uns hat eine Biographie, ist geprägt worden von seinem Umfeld, den Umständen, den Chancen, die er hatte, sich zu entwickeln. Vielleicht wurde meine Idee auch deshalb zunächst vor allem im Kollegenkreis positiv aufgenommen. Wer bei der Polizei im Streifendienst oder bei der Kripo tätig ist, weiß, was sich in unserem Land in manchen Haushalten abspielt. Dass sich die Spirale nicht nur der physischen, sondern auch der psychischen Gewalt durch alle Schichten zieht. Es gibt nicht nur den »Bodensatz«, bei dem nichts anderes zu erwarten war, weil schon die Eltern am Rande der Gesellschaft leben. Es gibt auch Wohlstandsverwahrloste aus Familien, in denen mangelnde Zeit und Aufmerksamkeit mit materiellen Dingen »kompensiert« wird. Doch es bringt letztlich nichts, die »Schuld« auf Eltern abzuwälzen, die versagt haben – es ist das ganze System, das so angelegt ist, dass manche einfach durch das Raster fallen. Auf der einen Seite wird eine Kultur des Hinschauens gefordert, Zivilcourage, auf der anderen Seite wird viel zu spät angesetzt. Es dauert zu lange, bis gehandelt und lenkend eingegriffen wird. Und wenn es dann geschieht, fehlen Gelder und geschultes Personal für Einrichtungen, die das ausbügeln sollen, was über Jahre hinweg schiefgelaufen ist. Hinzu kommt, dass Einrichtungen vor allem großer Träger nach starren Vorgaben zu funktionieren haben. Es fehlen oft die Zeit und die Flexibilität, individuell auf die einzelnen Jugendlichen einzugehen. Genau dann kommt man an den Punkt, dass aussortiert wird, um den reibungslosen Ablauf nicht zu gefährden. Die »Schwierigsten« werden weitergereicht; ich habe Jugendliche kennengelernt, die in gerade einmal vierzehn Jahren bis zu neun verschiedene Heime durchlaufen haben. Die immer wieder zu hören bekommen, das ist jetzt aber deine letzte Chance. Wenn du die vermasselst, dann ... Ja, was dann? Der nächste Rausschmiss? Bis einen wirklich keiner mehr nimmt? Und dann?

Ich sage immer: Jedes Kind, jeder Jugendliche verdient es, so genommen zu werden, wie er ist. Es geht nicht um die zweite, die dritte oder die letzte Chance. Sondern darum, ihnen das Gefühl zu geben, angenommen zu werden. Wir alle haben, wenn überhaupt, »von ganz oben«

die Chance bekommen, dass wir hier auf der Welt existieren dürfen. Wer sind wir, zu sagen, du bekommst jetzt noch einmal eine allerletzte Chance, dein Leben umzukrempeln und endlich auf Spur zu bringen? Aus meiner Sicht ist das vermessen, wir sind weder der Herrgott noch befugt zu richten. Wenn es darum geht, Rechenschaft abzulegen, muss man sich immer fragen, vor wem. Wenn man gläubig ist, kann man das bestenfalls dem »Herrn da oben« gegenüber tun.

Wenn ein Jugendlicher immer wieder hört, alles muss anders werden, sonst ... heißt das für ihn nichts weniger, als dass alles Bisherige verkehrt war. Dass er selbst in irgendeiner Form nicht richtig ist. Kinder sind immer auch ein Produkt der Gesellschaft, in der sie aufwachsen. Sie sind so, weil sie ein Stück weit dazu gemacht wurden.

Ohne Menschen, die diese Problematik und die Schwächen in unserem System nicht erkennen, könnte man ein solches Projekt nicht stemmen. Es sind immer die Menschen, die den Unterschied ausmachen. Geld, eine gute Bezahlung, kann einen Anreiz setzen. Aber der Spielraum dafür ist in anderen Berufen größer. In diesem Bereich muss man mit dem Herzen dabei sein, mit Idealismus und viel Engagement, sonst packt man es nicht.

Siegfried Hofer arbeitet seit dreißig Jahren mit Jugendlichen. Wenn man ihn fragt, worauf es ankommt, sagt er: Geduld. Respekt. Vertrauen. Und Leidenschaft. Wenn ihm die eines Tages fehlen würde, müsste er aufhören. Neben den Kollegen aus dem Opferschutzkommissariat war er einer der Ersten, mit denen ich über meine Pläne sprach. Er arbeitete nach wie vor im pädagogischen

Bereich bei den Regensburger Salesianern und wusste, was auf mich zukommen würde – auch was den ganzen Papierkram anging. Anfangs dachte er wohl, dieses Projekt sei ein Spleen, nichts, das sich eines Tages realisieren ließe. Heute ist er unser pädagogischer Leiter.

Auch mit meinem Kollegen Harry habe ich mich intensiv ausgetauscht. Er war ein wichtiger Gegenpol, weil er ganz anders tickt als ich. Weil er eher die Risiken sieht, abwägt bei Punkten, an denen ich sage: Schaun mer mal, dann sehn mer scho.

Risiken gab es mehr als genug: Wir brauchten ein Haus, Geld, ein Konzept, die richtigen Leute. Wir mussten einen Verein gründen und benötigten eine Zulassung durch die Regierung von Oberbayern. Nicht zuletzt hätte sich unser Arbeitgeber querstellen können: Viele Gründungsmitglieder waren schließlich Kollegen von der Polizei. Für das Modell, dass Polizisten eine Jugendeinrichtung gründen und nach Dienstschluss oder in ihrer Freizeit aktiv darin mitwirken, gab es keine Blaupause.

Was das Haus anging, hatten wir einfach Glück. In meiner unmittelbaren Nachbarschaft in Dachau war ein Hotel zur Pacht ausgeschrieben. Ich kannte den Eigentümer, weil ich hin und wieder Jugendliche aus ISE-Einrichtungen für ein Praktikum oder eine Lehre dorthin vermittelt hatte.

Was den Rest anging, hieß es: volles Risiko. Es wäre gelogen, wenn ich sagen würde, ich hätte, was die Finanzierung anging, keine schlaflosen Nächte gehabt. Aber: Wenn man sich nur mit Zweifeln quält, blockiert man. Evi hat früher immer zu mir gesagt: »Du musst träumen. Und wenn du einen Traum hast, musst du um ihn kämpfen. Es ist völlig egal, wenn du nur mit kleinen Schritten vorwärtskommst. Hauptsache, du gehst los.«

Im Frühjahr 2012 war es so weit: Kollegen von der Polizei, Pädagogen und Juristen trafen sich zur Gründungsversammlung. Der Verein Weitblick-Jugendhilfe e. V. war aus der Taufe gehoben. Nachdem der Pachtvertrag unterzeichnet war, begannen wir mit dem Umbau. Es war im Nachhinein ein Glück, dass wir auf einen Grundbestand an Zimmern mit eigenen Bädern und auf eine voll ausgestattete Hotelküche zurückgreifen konnten. Ursprünglich hatte ich für das Projekt einen Bauernhof gesucht, weil ich den Kontakt mit Tieren und der Natur für Jugendliche wichtig finde – so wie ich das auch aus Kalzhofen kannte. Im Umland von München ließ sich das jedoch nicht realisieren. Und wirklich weit hinaus aufs Land, in irgendeine Einöde, auf ein Gehöft, das man noch hätte bezahlen können, wäre für die Jugendlichen nicht gut gewesen. Wenn es darum geht, den Weg zurück in die Gesellschaft zu finden, nutzt es nichts, wenn diese Gesellschaft in Form der nächsten Kleinstadt dreißig Kilometer weit entfernt ist. Jetzt sind wir mitten in einem Wohngebiet, in einer guten Nachbarschaft, in der die Jugendlichen die »bürgerliche Gesellschaft« unmittelbar erleben. Auch was mich angeht, bin ich im Nachhinein froh, dass wir dieses Objekt bekommen haben. Ich wollte jeden Tag in der Einrichtung sein, wenn es »brannte«, schnell vor Ort sein, dort aber nicht wohnen. Das ist unmöglich, wenn man sich erst ins Auto setzen muss, um kilometerweit aufs Land zu gurken.

Das ehemalige Viersternehotel Aurora war renovierungsbedürftig, Böden mussten erneuert werden, ebenso

Sanitäranlagen und Teile der Inneneinrichtung. Trockenbauwände wurden durch massive ersetzt, Brandschutzauflagen mussten erfüllt werden. Das dauerte nicht nur, wir mussten auch finanziell in Vorleistung gehen. Sigi und ich plünderten unsere Konten, Freunde steuerten ebenfalls Geld bei.

Nach dem Umbau hatten wir einen Standard erreicht, der allein schon optisch nichts mit dem vieler klassischer Heime zu tun hatte. Das fing bei der Einrichtung der Zimmer an und hörte bei den Gemeinschaftsräumen auf. Als wir einen Tag der offenen Tür veranstalteten, gab es warnende Stimmen: »Na, das wird sicher nicht lange halten.« – »Die können doch mit so etwas gar nicht pfleglich umgehen.«

Ich sehe das anders. Wenn man ein solches Haus nur mit Dingen ausstattet, die keine oder nur eine geringe Wertigkeit besitzen, setzt man unbewusst ein Signal: Die Jugendlichen haben zum einen keine Veranlassung, sorgsam damit umzugehen. Zum anderen spiegelt es eine fehlende Wertschätzung. Denn der Schritt von »Hier ist ja alles Schrott« hin zu »Ich bin Schrott, mein Leben ist Schrott« ist ein sehr kleiner. Es geht darum, den Jugendlichen nicht nur Werte zu vermitteln, sondern sie auch spüren zu lassen, dass sie uns etwas wert sind. Der äußere Rahmen spielt dabei eine wichtige Rolle; tatsächlich gibt es bei uns weniger Vandalismus oder Rücksichtslosigkeit im Umgang mit Dingen, als ich das in anderen Einrichtungen erlebt habe.

Nachdem wir eine vorläufige Genehmigung bekommen hatten, war unsere größte Sorge, ob wir so lange durchhalten würden, bis wir vom Amt die ersten Jugendlichen geschickt bekamen. Alles, nur nicht Pleite machen, bevor es überhaupt losging.

Im Januar 2013 waren zum ersten Mal alle neunzehn Plätze unserer Einrichtung belegt. Inzwischen werden wir von Rosenheim, Deggendorf, München und natürlich Dachau beschickt; nicht alle Jugendlichen können wir aufnehmen, wir sind bei den Kapazitäten bereits am Anschlag.

Das erste halbe Jahr haben Sigi und ich im Wesentlichen alleine gestemmt. Ich hatte als Vorsitzender der Weitblick-Jugendhilfe e. V. die Gesamtleitung, Sigi die pädagogische. Anfangs ist er noch zwischen Regensburg und Dachau gependelt. Nach gut anderthalb Jahren habe ich ihn davon überzeugen können, dass diese Doppelbelastung zu viel ist. Weil ich genau weiß, wie er arbeitet. Ohne Uhr und immer mit offener Tür, auch wenn sie zu ist. Dazu kamen die ehrenamtlichen Helfer, mit der Zeit dann festangestellte Pädagogen und Psychologen. Inzwischen haben wir über zwanzig Mitarbeiter.

# Begleiten, nicht erziehen

Die Spannbreite der Fälle, mit denen wir im Weitblick konfrontiert sind, ist enorm. Vom zuverlässigen Gymnasiasten, der »nur« Probleme in der Familie hat, über den Vorbestraften bis hin zum Intensivtäter ist alles vertreten. Die einzige Gemeinsamkeit ist oft nur die, dass andere Einrichtungen die Jugendlichen abgelehnt haben. Und der Stempel, der ihnen von außen aufgedrückt wird: gescheitert, abgeschoben, Heim.

Unsere Gesellschaft ist viel zu sehr in Schubladendenken verhaftet. Der war im Heim? O Gott, der Arme. Oder hat der was angestellt, dass die Eltern ihn weggegeben haben? Der hat keinen Schulabschluss? Aus dem kann ja nichts werden. Der war im Jugendknast? Selbst schuld, wenn er dauernd klaut. Aber dass man sich fragt, warum ein Jugendlicher aus dem Ruder läuft, kommt viel zu selten vor. Übrig bleibt das vermeintliche Ergebnis, der Stempel, den man nur schwer wieder wegbekommt.

Sr. Augusta hat einmal zu mir gesagt: »Kinder sind schwierig, weil sie Schwierigkeiten haben, und nicht, weil sie von Haus aus schwierig sind.« Jeder von uns wird auch ein Stück weit zu dem gemacht, was er ist, im Positiven wie im Negativen. Vieles ist eine »Folge von«, eine Entwicklung, die wir nicht immer selbst lenken können, schon gar nicht als Kinder.

Für mich sind Jugendliche, gerade solche mit Schwierigkeiten, ein Spiegel unserer Gesellschaft. Wie allen Jugendlichen geht es ihnen um Aufmerksamkeit und Anerkennung. Letztlich ist ein gewalttätiger Ausbruch, der Schritt in die Kriminalität in gewisser Weise auch Ausdruck ihrer Suche danach. Den Bogen so lange zu überspannen, bis endlich einmal einer hinschaut und einen wahrnimmt.

Wir haben nicht den Anspruch, jemanden zu erziehen. Wenn Jugendliche zu uns kommen, haben sie in der Regel ein Alter erreicht, in dem sie schon »erzogen« sind, eine gewisse Richtung eingeschlagen haben.

Theoretisch dürfen wir Kinder ab sieben Jahren aufnehmen, im Schnitt sind die meisten aber bereits älter. Man kann sie nicht mehr völlig umkrempeln, es gibt keinen Resetknopf, den man drücken könnte, und schon ist alles gut.

Unser Anspruch ist, sie so zu nehmen, wie sie sind, mit all ihren Stärken und Schwächen, und sie so weit zu begleiten, dass sie vielleicht eines Tages wieder einen Platz in dieser Gesellschaft finden. Dass sie erkennen, was bislang möglicherweise falsch gelaufen ist. Das geht nicht durch Regeln und Strafe, sofern Erstere gebrochen werden. Das geht nur durch Reden, Reden und noch einmal Reden. Durch das Aufzeigen von Mechanismen, dass – platt gesagt – auf eine Aktion immer eine Reaktion folgt. Wenn der Respekt vor dem Gegenüber fehlt, wenn man permanent dessen Grenzen überschreitet, kann Zusammenleben nicht funktionieren.

Man muss die Jugendlichen immer wieder damit konfrontieren, darf nicht ausweichen oder gar etwas unter den Teppich kehren, weil man eine Auseinandersetzung scheut oder einem ein bestimmtes Thema unangenehm ist.

Natürlich gibt es ein Gefälle zwischen den Jugendlichen, Reibereien und Spannungen. Da muss man dranbleiben, vorleben, dass es anders geht, auch wenn es manchmal mühsam ist. Für mich ist das aber ein zentraler Aspekt, wie ich Familie verstehe. Die Kinder, die im Weitblick leben, sind für mich Teil meiner erweiterten Familie, sie sind meine Rasselbande. Es gibt Tage, an denen es mir nicht immer leichtfällt, direkt aus der Arbeit in den Weitblick hinüberzugehen, vor allem wenn ich weiß, dass irgendetwas vorgefallen ist. Aber die Anspannung fällt ab, wenn ich dann durch das Haus gehe, mich die ersten »abklatschen« und sich einfach freuen, dass sie hier sein dürfen.

Abgesehen von ganz individuellen Problemen ist unsere Hauptaufgabe, den Jugendlichen ein Wertesystem zu vermitteln, das manchen allein schon, was die Grundbegriffe angeht, fremd ist. Toleranz und Akzeptanz. Manche kennen aus ihren Familien oder auch aus der Schule nur zwei Typen von Menschen. Opfer und Täter. Dieses Bild aufzubrechen ist eine harte Nuss, das geht nur, wenn beide Seiten das Vertrauen haben, offen über ihr Verhalten oder das, was ihnen widerfährt, zu reden.

Die Jugendlichen haben einen Heimsprecher gewählt, der bei kleineren Problemen oder Streitereien vermitteln soll. Wenn wir aber mitbekommen, dass einer »abgezogen« oder fertiggemacht wird, müssen wir sofort einschreiten. Nicht mit Druck, sondern mit Dialog. Es geht darum, den anderen zu akzeptieren, egal wie er ist, wen er liebt, woran er glaubt, was er tut. Geh deinen Weg und mach dem anderen seinen nicht madig.

Das geht nur, wenn sie selbst die Erfahrung machen, dass wir ihnen mit Respekt begegnen und sie so akzeptieren, wie sie sind. Wenn wir »Vergehen« nicht reflexartig mit Strafen ahnden, sondern uns die Zeit nehmen, nach dem Warum zu fragen, wird das langfristig eher zu einer Verhaltensänderung führen als zwei Tage Hausarrest. Solche Sanktionen aufzusetzen kostet vor allem Zeit und Nerven und bringt erfahrungsgemäß wenig. Ein Jugendlicher muss spüren, dass man das Interesse nicht verliert, selbst wenn er Mist gebaut hat.

Natürlich kommt man nicht ganz ohne Regeln aus, die auch bei uns klar gesetzt sind: keine Gewalt oder Handgreiflichkeiten untereinander oder Betreuern gegenüber etwa. Kein Dealen, keine Drogen. Aber soll ich einen bestrafen oder schlimmstenfalls an die Luft setzen, weil er zweimal zu spät nach Hause gekommen ist? Soll ich zu ihm sagen, ab ins Bett, gib mir dein Handy, das bekommst du erst in drei Tagen zurück? Sicher weiß er dann, dass er etwas falsch gemacht hat, doch er wird sein Handeln nicht hinterfragen. Und ich habe den vermeintlich einfacheren Weg gewählt und mich nicht auseinandergesetzt.

Die Ressourcen, die man für die Erstellung von Regelwerken und deren Kontrolle braucht, kann man sinnvoller einsetzen. Niemand aus dem Weitblick, weder ich noch meine Kollegen, schreien hurra, wenn etwas schiefgelaufen ist.

Was mich angeht, sitze ich lieber drei Stunden mit dem Jugendlichen da und versuche, mit ihm zu reden.

Vielleicht schreien wir uns drei Stunden am Stück nur an, und es kommt auf den ersten Blick unter dem Strich nichts dabei heraus. Wobei auch die Null ein Ergebnis ist, weil wir uns auseinandergesetzt haben, eine kleine Etappe des Weges gemeinsam gegangen sind. Irgendetwas bleibt immer hängen, selbst wenn man das erst zeitversetzt sieht.

Damit das funktioniert, muss man sich immer wieder selbst einen Spiegel vorhalten, sein eigenes Verhalten überprüfen. Man muss klar sein, offen, ehrlich und empathisch. Das bedeutet manchmal, dass man sich trauen muss, über seinen eigenen Schatten zu springen. Es ist nicht immer leicht, sich zu öffnen und trotzdem im Hinterkopf zu behalten, wo die Grenzen sind. Die eigenen und die, die der Gesetzgeber setzt. Und es ist manchmal zermürbend, bis man an den Punkt kommt, an dem ein Jugendlicher überhaupt sagt: Ich hab Scheiße gebaut. Noch viel zermürbender kann das Warten auf den Moment sein, an dem er mehr erzählt als nur diesen einen Satz. Aber dieser Satz ist der erste Schritt. Wenn ich in diesem Augenblick überreagiere und mit Sanktionen drohe, wird kein zweiter Satz folgen. Es ist ein bisschen so wie das »Anschleichen«, von dem ich bereits gesprochen habe und in dem meine Erfahrungen bei der Kripo und als Erzieher zusammenlaufen.

Um es noch einmal zu betonen: Es geht bei vielen Grenzüberschreitungen immer auch darum, wahrgenommen zu werden. Je früher die Jugendlichen sich angenommen fühlen, umso weniger müssen sie die Ellbogen ausfahren, um ihren Platz zu behaupten.

Wenn sie dann noch nebenbei einen Abschluss oder

eine Lehre machen, umso besser. Aber die Chance dazu muss ihnen wiederum die Gesellschaft geben. Nimmt sich ein Ausbildungsbetrieb ernsthaft die Zeit, einen Jugendlichen vorurteilsfrei zu beurteilen, der schon etwas auf dem Kerbholz hat?

# Würden Sie ihn einladen?

Ich war kürzlich mit Sigi, dem pädagogischen Leiter unserer Einrichtung, bei einer Veranstaltung der Rotarier. Wir sollten den Weitblick vorstellen, über unsere Jugendlichen und unseren Alltag sprechen. Als Sigi an der Reihe war, ging er langsam zum Rednerpult, blickte in die Runde und zog dann einen Zettel aus der Jackentasche. Mit nüchterner Stimme las er vor: »X ist sechzehn Jahre alt und lebt seit einem Jahr bei uns im Weitblick. Seine Mutter starb kurz nach seiner Geburt, der Vater war Alkoholiker. Im Alter von einigen Monaten kam er nach Deutschland zu seiner Tante. Sie adoptierte ihn, war aber nach einigen Jahren mit der Aufgabe überfordert. Er würde klauen, lügen, rauchen, schnüffeln, sich ritzen, zeige einen Hang zu Gewalt. Mit elf wurde er zum ersten Mal in die Psychiatrie eingeliefert. Eine zunächst ambulante, später stationäre Therapie ein Jahr später musste wegen eines Übergriffs auf einen anderen Jugendlichen abgebrochen werden. Im gleichen Jahr folgte wegen Suizidgefahr eine erneute Unterbringung in einer Kinder- und Jugendpsychiatrie. Nach einem Autodiebstahl ordnete das Gericht eine Unterbringung in einem ›Heim mit freiheitsentziehenden Maßnahmen‹ an.

Die ersten fünfzehn Jahre seines Lebens verbrachte der Junge in insgesamt zehn Einrichtungen, darunter eine intensivpädagogische. Immer wieder haute er ab, einmal schon nach einem Tag, ein anderes Mal nach drei Tagen. Sämtliche Rückführungsversuche zu seiner Adoptivfamilie scheiterten, die Jugendhilfe war mit ihren Möglichkeiten am Ende, alle Mittel waren ausgeschöpft.

Mit dieser Vorgeschichte kam er zu uns in den Weitblick, in stationäre Betreuung, und versucht, seinen Schulabschluss nachzumachen. Und jetzt frage ich Sie: Würden Sie ihm eine Chance in Ihrer Firma geben?«

Der Satz hing minutenlang im Raum, man hätte eine Stecknadel fallen hören können.

Genau das ist der Knackpunkt. Wer von uns würde einem Jugendlichen mit so einer Geschichte eine Chance geben? Wir wissen alle, dass es solche und noch viel üblere Geschichten gibt. Wir lesen davon in der Zeitung, sehen eine Dokumentation im Fernsehen und sind betroffen. Aber wir sind es in der Regel nicht so lange oder so nachhaltig, dass wir aktiv werden.

Wie oft höre ich den Satz, was kann ich schon tun? Als Einzelner? Das ganze System, die Gesellschaft besteht letztlich aus Einzelnen. Und wenn wir schon nicht das große Ganze ändern können, zumindest nicht von heute auf morgen, dann müssen wir eben im Kleinen anfangen. Das beginnt mit Hinschauen, mit dem Wahrnehmen dessen, dass da draußen einer ist, dem es mies geht. Der sich den Weg zum Teil selbst verbaut hat, zum Teil von Anfang an von einer Hürde zur nächsten stolpern musste. Der einen braucht, der ihm eine Hand reicht und sie nicht spätestens beim Blick in die Akte zurückzieht. Unser Leitsatz lautet nicht umsonst: »Wir fangen dort an, wo andere aufhören.«

Die Kinder und Jugendlichen, die bei uns im Weitblick leben, haben gesellschaftlich gesehen alle ihren Stempel weg. Sie haben insofern ähnliche Biographien, als sie hier »ihre letzte Chance« bekommen. Allein deswegen packt mich manchmal eine Wut. Eine Chance auf was? Ein Leben in geordneten Bahnen, so wie »man« sich das vorstellt? Die Chance besteht für manche unserer Jugendlichen schlicht darin, einen Raum gefunden zu haben, in dem sie vor Übergriffen sicher sind. Da geht es nicht darum, sie auf den rechten Weg zurückzubringen. Sondern um Schutz, um die Berechtigung, einfach nur zu sein, Tage und Wochen ohne Gewalt zu verbringen.

Ich kann mich noch gut an einen Jungen erinnern, der gleich in unserer Anfangszeit bei uns war. Je näher die Besuchswochenenden daheim rückten, umso stiller wurde er. Nach einem Wochenende wurde er vor dem Weitblick abgesetzt. Er hat versucht, sich schnell am Aufenthaltsraum vorbeizudrücken, hoch in sein Zimmer. Seine Lippen waren aufgeplatzt, das Gesicht stark angeschwollen, unter dem Auge ein großes Hämatom. Wir haben ihn sofort eingepackt und sind in die Rechtsmedizin gefahren. Am nächsten Morgen haben wir einen Besuchsstopp beim Jugendamt erwirkt. Als ich dem Vater das telefonisch mitteilen wollte, hat er mich wüst beschimpft. Das ginge mich alles nichts an, er werde sich beschweren, rechtliche Schritte wegen Kindesentzug einleiten. Ich bin total ausgeflippt, hinterher habe ich Rotz und Wasser geheult. Der Junge war sieben Jahr alt. Bis er zu uns kam, war er wiederholt misshandelt worden. Damit die Nachbarn seine Schreie nicht hörten, hatte man ihm Socken in den Mund gestopft.

Ein anderer war dreizehn, als ihm sein Vater im Suff die Kniescheibe zertrümmert hat. Wir haben Kinder hier, die mit ausgekugelten Schultern kamen, Jugendliche, die vor lauter Angst wieder einnässen. Da geht es nicht in erster Linie um regelkonformes Verhalten, um Eingliederungsmaßnahmen in unsere stromlinienförmige Gesellschaft, die schon immer Probleme hatte mit Menschen, die anders waren. Da geht es darum, erst einmal die Möglichkeit eines anderen Lebens aufzuzeigen. Eines ohne seelische Grausamkeit oder physische Gewalt. Wenn man dann miterleben muss, wie brüchig das ist, wie schwach der Arm ist, mit dem man Kinder und Jugendliche zu schützen versucht, ist dies die bitterste Erfahrung überhaupt.

# Im Leben kommt alles wieder

Vor zwei Jahren haben wir im Weitblick zum ersten Mal gemeinsam Weihnachten gefeiert. Mit sieben Jugendlichen, von denen wir wussten, dass sie auch über die Feiertage bei uns bleiben würden. Weil sie mussten oder wollten. Wir haben das ganze Haus dekoriert, Plätzchen gebacken, und am vierten Advent stand mein Freund Augusto plötzlich mit Riesenpfannen vor der Tür. Pasta bis zum Abwinken. Am Heiligen Abend haben wir gemeinsam einen Gänsebraten gemacht. Als alle pappsatt auf ihren Stühlen hingen, ging plötzlich die Tür auf. Die Mitarbeiter, die an diesem Tag eigentlich freihatten, kamen mit ihren Familien zum Feiern. Es war für mich das schönste Geschenk. Eine Rückmeldung, dass wir wirklich eine Familie waren, dass sich alle mit dem, was wir hier tun, identifizierten.

Ich hatte vorher viel darüber nachgedacht, wie das wohl für die Jugendlichen sein würde. Heiligabend im Heim. Ein einziger Tag, um den ein Wirbel gemacht wird, dass einem schwindelig wird. Aufgeladen mit Emotionen, alles muss feierlich und ganz besonders sein. Allein schon diese lange Vorlaufzeit, der ganze Advent, die Wochen, in denen alle durchdrehen vor lauter Feierlichkeit und Besinnlichkeit, deren Grad sich dann an der Zahl der Tüten, mit denen man sich durch die Stadt schiebt, messen lässt. Ein Tag! Und alle drehen durch. Das kann ja nur schiefgehen. Mich macht das wahnsinnig. Auch weil ich mich selbst dabei ertappe, dass ich mich dem nur schwer entziehen kann. Dann versuche ich, mich daran zu erinnern, worum es eigentlich geht. Manchmal gehe ich dann nach Dienstschluss in die St.-Michael-Kirche gleich um die Ecke beim Münchner Polizeipräsidium, um zur Ruhe zu kommen.

In der Zeit vor dem ersten Weihnachten im Weitblick saß ich in jener Kirche, die mitten in der Fußgängerzone liegt und von außen eher wirkt wie ein weltlicher Prachtbau und nicht wie ein Gotteshaus. Das Hauptschiff ist gewaltig, ein Ort, an dem man sich auch verloren fühlen kann. Ich beobachtete die wenigen Menschen, die – jeder in einer eigenen Bankreihe – dasaßen, und musste an etwas denken, das Alex einmal zu mir gesagt hat: *Weihnachten ist so groß, so verbindend. An Weihnachten erinnert man sich an das, was man hat. Daran, wen man hat. An Weihnachten kommen manchmal Menschen zusammen, die für sich keinen Anker haben.*

Welchen Anker hatten die Jungs aus dem Weitblick? Was verbanden sie mit diesem Tag? Verbanden sie überhaupt etwas damit, oder war dieser eine Tag so beschissen wie viele andere zuvor? Alltag eben. Vielleicht war er auch nicht ganz so beschissen, weil sich die Eltern am Riemen rissen und heile Familie spielten? Oder vielleicht besonders beschissen, weil jeder über die Maßen gestresst war?

Wenn ich früher jemandem erzählt habe, dass ich in einem Heim groß geworden bin, war die Reaktion oft eine aus Mitleid und fragend hochgezogenen Augenbrauen. Als sei eine Kindheit im Heim automatisch verbunden mit Mangel, Entbehrung und schlimmstenfalls Misshandlung. Ich habe nur diese eine, eigene Kindheit, ich kenne keine andere. Wir hatten im Heim Kinder, die damit nicht klarkamen, dass sie dort waren Es gibt das Phänomen der Schuldumkehrung. Ein Kind, das misshandelt wurde, liebt seine Eltern trotzdem, es kennt nichts anderes. Wenn es dann aus der Familie herausgenommen wird, hat es einen Schuldigen: das Amt, die Behörden, die Erzieher ... Ich habe Kinder erlebt, die hochaggressiv waren, hohes Zerstörungspotenzial hatten und es bis heute als Stigma empfinden, nicht bei ihren eigenen Familien aufgewachsen zu sein – egal wie schlecht es ihnen dort ergangen ist. Ich hatte das Glück, dass ich im Heim nicht nur eine Form von Liebe und Geborgenheit erfahren habe, sondern auch ein Zuhause hatte, das mir Halt gegeben hat.

Das, was ich im Laufe meiner Jahre bei der Polizei und speziell beim Opferschutz erlebt habe, und die Schicksale, mit denen ich Tag für Tag im Weitblick konfrontiert bin, belegen, dass es andere Biographien gibt.

Mein Traum wäre es, dass es solche Einrichtungen wie unsere gar nicht erst geben müsste. Dass niemand mehr durch das Raster fallen muss oder ausgegrenzt wird, weil er nicht oder »falsch« funktioniert. Bis dahin ist es noch ein langer Weg, aber wir sind losgelaufen. Und die Jugendlichen, die wir im Weitblick haben, auch. Jeder in seinem Tempo.

Einer, der vom ersten Tag an bei uns war, hat sich vor kurzem von uns verabschiedet. Er ist inzwischen volljährig und wechselt in eine betreute Wohneinheit. Alleine geht es nicht, weil er geistig »retardiert« ist. Worte waren nie seine Stärke. Er kam hinauf ins Büro und sagte nur: »Danke. Danke für alles.« Es kam so von Herzen, dass ich hätte heulen können. Dann hat er gefragt, ob er wieder kommen darf, ob er hier noch einen Platz hätte, wenn er zu Besuch kommen wolle. Notfalls auf der Couch unten im Wohnzimmer. »Weil das ist mein Zuhause.«

Es war wie bei mir damals. Im Leben kommt so vieles wieder.

# New York

*Dieses Nicht-Loslassen, dieses Dabeibleiben,
und wenn es für den Rest deines Lebens ist.
Dieser Frau gegenüberzusitzen war, wie in
einen Spiegel zu blicken.*

Carlos Benede

Ich habe eine Schwäche für New York, eine Stadt, die mich seit meinem ersten Besuch 1989 nicht mehr loslässt. Die Skyline, das bunte Treiben, ein schnelllebiger, sicher manchmal oberflächlicher Ort, aber einer, an dem das Prinzip »Leben und leben lassen« gilt. Mit allen Konsequenzen, auch den negativen. Es kostet Kraft, hier auf Dauer zu bestehen, aber irgendwie fasziniert mich diese Stadt. Im Laufe der Jahre bin ich immer wieder in New York gewesen. Allein oder auch mit meinen Jungs, für ein paar Tage, eine kleine Auszeit nehmen.

Im Spätherbst des vergangenen Jahres gab es zwei besondere Anlässe für eine Reise nach Big Apple. Mein Kollege Harry feierte dort mit seiner Familie seinen Fünfzigsten, und der Kleine und ich durften mitfeiern. Außerdem sollte ich eine Frau mit einer besonderen Geschichte kennenlernen. Einer Geschichte, die meiner sehr ähnlich ist.

Als die Anfrage, ob ein Kontakt zu mir möglich sei, auf meiner Dienststelle einging, war ich etwas ratlos. Was wollte das New York Police Department von mir? Eine gewisse Joanne Jaffe hatte anfragen lassen; sie habe einen Artikel über mich gelesen und wolle mich kennenlernen. Ich hatte keine Ahnung, warum. Erst als ich im Internet recherchierte, fügten sich die Puzzlestücke zusammen.

Joanne ist derzeit der ranghöchste weibliche Cop von New York und die Nummer 3 im gesamten Polizeiapparat. Im vergangenen Jahr hatte sie zum ersten Mal ausführlich und öffentlich darüber gesprochen, dass sie dreißig Jahre nach einem furchtbaren Verbrechen eine junge Frau adoptiert hatte.

Am 15. April 1984 hatte sich in Brooklyn, New York, ein Blutbad ereignet, das als »Palmsonntagsmassaker« in die Geschichte einging. Ein Junkie war im Kokainrausch in eine Wohnung eingedrungen, in der sich eine Familie und deren Freunde auf das Osterfest vorbereiteten. Sie bemalten Eier, bastelten, lachten und unterhielten sich.

Das Bild, das sich später den Einsatzkräften bot, muss entsetzlich gewesen sein. Ich bin froh, dass ich etwas Vergleichbares nie erleben musste. Am Ende des Amoklaufs waren zehn Menschen tot, die meisten Kinder. Fast eine ganze Familie war ausgelöscht. Der Täter hatte ein bizarres Stillleben des Grauens geschaffen. Die Opfer saßen auf Stühlen und auf einer Couch, sie hatten keine Chance mehr gehabt, zu reagieren. Eine der Toten hielt noch einen Löffel mit Brei in der Hand.

Joanne war damals seit vier Jahren in Brooklyn im Einsatz, im 75. Bezirk, der nach den Kriminalstatistiken als einer der heftigsten galt. Gewalt und Mord gehörten zum Alltag der Cops. Aber das, was an jenem Palmsonntag geschah, sprengte alles. Als Joanne und ihre Kollegen zum Tatort kamen, war der Mörder längst über alle Berge. Erst zwei Monate später wurde er gefasst.

Nachdem die Spurensicherung ihre Arbeit aufgenommen hatte, bat ein Nachbar Joanne nach draußen auf den Flur und drückte ihr ein Bündel in den Arm. Ein dreizehn Monate altes Mädchen, einen Schnuller im Mund. Der Säugling war der einzige Überlebende.

In den Zeitungsartikeln über diesen Fall las ich Sätze wie: »Mir wurde dieses Kind anvertraut, und ich habe diese Aufgabe angenommen. Von Anfang an war da ein Gefühl von Liebe.« Sentimentales, amerikanisches Gesülze, könnte man meinen, immer eine Spur zu dick aufgetragen. Aber ich wusste genau, was sie meinte. Es ist wie ein Impuls, ein Schalter, der sich umlegt, und in diesem Moment weiß man, dass man diesen Menschen jetzt nicht alleinlassen kann. Dass man Verantwortung trägt, auch wenn man nichts mit dieser Sache zu tun hat. Keinen Bezug zu dieser Familie hat, sich die Wege zufällig gekreuzt haben, weil man aus beruflichen Gründen vor Ort war. Trotzdem hat man indirekt einen Auftrag bekommen: Kümmere dich, sei da.

Ich weiß nicht, ob Joanne und ich jeweils ein Abgrenzungsproblem haben. Natürlich hätten wir beide nach einer gewissen Zeit sagen können: Job erledigt, Kind anderweitig untergebracht. Wir haben es nicht getan. Und vielleicht auf die Frage nach dem Warum nie nach einer passenden Antwort gesucht. Weil es ist, wie es ist.

Nach den Morden war die kleine Christina bei ihrer Großmutter im Bezirk Washington Heights untergebracht worden. Spätere Fragen der Enkelin nach dem Verbleib der Mutter beantwortete die Oma ausweichend, sie sprach von schwerem Asthma, weshalb Christina davon ausging, ihre Mutter sei vor Jahren daran gestorben. Was tatsächlich geschehen war, erfuhr sie eines Vormittags in der Schule. Eine Mitschülerin erzählte der Zehnjährigen von dem Massaker, bei dem die meisten Opfer den Namen Perez getragen hätten. »So wie du!«

Christinas Großmutter holte einen Koffer vom Schrank herunter, in dem Zeitungsartikel und Fotos aufbewahrt waren. An diesem Tag erfuhr das Mädchen, dass es zwei ältere Geschwister gehabt hatte. Auf einer Skizze vom Tatort entdeckte sie den Vermerk, dass eine Frau einen Löffel mit Brei in der Hand gehalten habe. »Wen wollte sie füttern?« Die Antwort ließ sie nie mehr los.

Stück für Stück erzählte die Großmutter die ganze Geschichte. Auch dass Joanne, »die lustige Polizistin, die immer wieder mal vorbeischaute«, sich von Anfang an um sie gekümmert habe. Dass der Kontakt mit den Jahren immer enger geworden war, lag auch an einem Zufall. Joanne war versetzt worden, ihr neues Department lag nur zwei Blocks von Christinas Wohnung entfernt. Regelmäßig schaute das Kind nach der Schule im Büro vorbei, an den Wochenenden unternahmen sie Ausflüge aufs Land.

Als Christina vierzehn war, wandte sich ihre Großmutter mit einer ungewöhnlichen Bitte an Joanne. Sie sei zu alt für einen Teenager, ob sie das Mädchen nicht zu sich nehmen könne?

Joanne zögerte. Sie stand im Begriff zu heiraten und dachte, sie und ihr Mann müssten erst einmal etwas Zeit für sich haben. Vielleicht in einem Jahr. Doch Doug, ebenfalls Polizist, wollte von einem Aufschub nichts wissen. Warum nicht und warum nicht jetzt gleich? Die gemeinsamen Ausflüge hätten schließlich gezeigt, dass es funktionierte, dass eine Verbindung da war.

Die nächsten Jahre waren schwierig. Christina war unsicher, traute sich kaum allein auf die Straße, sie litt unter Alpträumen und Panikattacken. In ihrem Leben gab es eine Lücke, die immer da war, die ihre neuen »Eltern« nur behelfsmäßig stopfen, aber nie schließen konnten.

Als ich das las, musste ich an Alex denken. *Man vergisst nicht, man vergibt nicht. Man lernt damit zu leben. Aber es ist immer gleich präsent.* Er hatte über Wochen und Monate mitbekommen, wie sich die Situation zu Hause zuspitzte. Er hatte die Mordnacht miterlebt, seine Mutter tot am Boden liegen sehen. Christina hatte keine vergleichbaren Erinnerungen, aber ein tief gehendes Gefühl, dass etwas fehlte. Wie ein Phantomschmerz.

Mit zweiundzwanzig hatte sie ein Schlüsselerlebnis. Sie arbeitete in einer Kindertagesstätte und wollte ein weinendes Kind beruhigen, was ihr nicht gelang. Erst als die Mutter dazukam, hörte es auf.

Ihre eigene Mutter würde nie wiederkommen. Einige Tage später besuchte sie gemeinsam mit Joanne zum ersten Mal das Grab. Und zum ersten Mal konnte sie Trauer zulassen. Ihre Mutter war genauso alt gewesen wie sie jetzt.

2009 wurde der Prozess gegen den Täter noch einmal aufgerollt. Das Urteil wurde von Mord in zehn Fällen auf Totschlag reduziert, weil der Mann wegen jahrelangen Drogenmissbrauchs nun als vermindert schuldfähig galt. Joanne und Christina nahmen an den öffentlichen Verhandlungen teil. Ähnlich wie bei Alex damals muss es auch für sie ein wichtiger Teil des Verarbeitungsprozesses gewesen sein. Während der Revisionsphase starb ihre Großmutter; der letzte Bezug zur eigenen Familie war damit gekappt.

In einem Interview sagte sie: »Es mag unsinnig klingen, aber ich fühlte mich völlig verwaist. Obwohl Joanne und Doug nach wie vor für mich da waren; sie waren seit Jahren meine Eltern.« Der Wunsch, von ihnen adoptiert zu werden, sei eine Art Schlusspunkt gewesen. Ein Ankommen. Es mag für einen Außenstehenden schwer zu verstehen sein, warum diese offizielle Anerkennung so einen großen Unterschied macht. Auch ich war für Alex und später den Kleinen da gewesen – mit oder ohne Adoptionsurkunde. Er hatte vorher von mir als seinem »Vater« gesprochen, er tat es hinterher. Für ihn war es trotzdem etwas anderes. Die schwarz auf weiß festgehaltene Bestätigung, ganz dazuzugehören, mein Kind zu sein.

## Seelenverwandte

In New York wurden wir empfangen wie hochoffizielle Staatsgäste. Die Kollegen, alle in Uniform, holten uns direkt vom Flugzeug ab und eskortierten uns zum Zoll. Bei früheren New-York-Reisen hatten wir uns manchmal anderthalb Stunden die Füße in den Bauch gestanden in langen Schlangen, um dann von mürrischen Beamten ausgequetscht zu werden. Warum, weshalb, wie lange, Kontaktadresse, Drogen oder Waffen im Gepäck …? Nervtötend. Dieses Mal brauchten wir genau fünf Minuten, dann waren wir draußen. Im Polizeiwagen wurden wir zu unserem Hotel gefahren. Ein Riesenkasten mit über 500 Zimmern; unseres lag im 26. Stock, die Aussicht war gigantisch. Über den Hudson River hinunter zu Liberty Island, auf der anderen Seite die Brooklyn Bridge und eine Straße weiter Ground Zero. Dort, wo viele Jahre nach dem Anschlag des Jahres 2001 eine gewaltige Lücke klaffte, steht heute mit dem neuen One World Trade Center der höchste Wolkenkratzer der Vereinigten Staaten. Daneben wurden weitere drei Türme hochgezogen, rund um den Memorial Ground: eine Grünfläche mit zwei großen Wasserbecken, die genau an der Stelle errichtet wurden, an der die Zwillingstürme standen. Auf der Umrandung der Waterfalls sind die Namen der über 2700 Opfer des Anschlags eingraviert. Im Auto erzählten uns die amerikanischen Kollegen, dass das Sterben seitdem nicht aufgehört hat. Immer noch erliegen Feuerwehrleute, Sanitäter und Polizisten den Spätfolgen ihrer Einsätze in den Trümmern der Zwillingstürme. Die meisten würden an Krebs oder schweren Lungenkrankheiten sterben. Polizei und Feuerwehr hätten lange dafür kämpfen müssen, dass diese als Dienstunfälle anerkannt würden. Damit die Hinterbliebenen wenigstens versorgt seien.

Ground Zero ist nach wie vor beklemmend. Die ganze Gegend ist voll mit Polizei, an jeder Ecke hängen Überwachungskameras. Als wir am nächsten Tag im Hauptquartier des Police Department von Manhattan ankamen, zeigte uns ein Kollege stolz die neue Einsatzzentrale. Ein riesiger Raum bis unter die Decke vollgestopft mit Hightech, rundherum Bildschirme, über die Aufnahmen und Daten von über 7000 Kameras flimmerten. Das habe eine ganz schöne Stange Geld gekostet, aber diese Wache sei schließlich »New York's finest«, wie der Officer meinte.

Das New York City Police Department auf dem One Police Plaza ist ein richtiger Klotz, ein Vierkantbolzen aus rotem Stein, gebaut in den siebziger Jahren. Hier hat die größte Polizeibehörde der USA ihren Sitz. An die 35 000 Polizisten sind zuständig für die fünf Stadtbezirke von New York und damit für über acht Millionen Menschen.

Hier sollten Harry und ich Joanne Jaffe treffen, seit Februar 2014 Leiterin des Community Affairs Bureau. Eine wichtige Schnittstelle in der Kommunikation zwischen Bevölkerung und Polizei, und eine Anlaufstelle für Ämter, zivile Organisationen und Einrichtungen in den einzelnen Gemeinden. Zuständig unter anderem auch für Verbrechensprävention, kriminelle Jugendliche und Opferschutz.

Ein Officer führte uns zu ihrem Büro. In der Mitte ein riesiger Schreibtisch, an den Wänden allerlei Bilder von Ehrungen. Seit 1979 war sie bei der Polizei. Die wenigsten Kollegen hätten sie damals ernst genommen, erzählte sie später. Eine Frau, noch dazu im Streifendienst. Gleich einer der ersten Einsätze sei ein bewaffneter Raubüberfall gewesen. Danach habe sich niemand mehr lustig gemacht. Sechs Jahre später war sie zum Sergeant ernannt worden und musste sich wieder durchbeißen. Mit der Ernennung war eine Versetzung auf eine Wache in Queens verbunden, in der vor allem »verdiente Veteranen« Dienst schoben. Die hätten Probleme damit gehabt, von einer jungen Frau Befehle entgegenzunehmen. Es dauerte, aber mit der Zeit habe sie sich den Respekt der Kollegen erarbeitet. Von da an war es immer weiter nach oben gegangen. Heute hat sie einen Rang, den vor ihr noch keine andere Frau innehatte. Drei Dreisterne am Hemdkragen, Polizeivizin von New York.

Wir mussten nicht lange warten. Schon als sie zur Tür hereinkam, war ich beeindruckt. Sie wirkte tough, energischer Händedruck, auf den ersten Blick eher streng, aber mit einer enormen Ausstrahlung. Etwa in meinem Alter, vielleicht ein paar Jahre älter, die Haare straff zurückgebunden. Im Schlepptau hatte sie einen Dolmetscher, einen Officer, der nicht nur Deutsch sprach, sondern sogar Bayerisch. Allein das war schräg. Seine Mutter sei Münchnerin und habe einen GI geheiratet, erzählte er.

Nachdem sie hinter ihrem Schreibtisch Platz genommen hatte, sagte niemand ein Wort. Wir sahen uns minutenlang einfach nur an. Es war ein Gefühl, das ich nicht richtig in Worte fassen kann. Da saß mir jemand gegenüber, der wusste und Anteil nahm, ohne dass man darüber sprechen musste. Der dir in die Augen schaut und ganz tief hinter alle Fassaden blickt, alle Schichten durchdringt. Als sich der Dolmetscher irgendwann räusperte, hat es mich im ersten Moment richtig gerissen.

Und dann begann sie mit leiser Stimme, manchmal stockend und mit längeren Pausen, zu erzählen. Von dem Anruf, der abends gegen halb acht in der Zentrale eingegangen war. Im Erdgeschoss eines zweistöckigen Gebäudes in der Liberty Avenue habe es eine Schießerei mit mehreren Toten gegeben. Der Ehemann eines der Opfer hatte die Tat entdeckt, ein Nachbar die Polizei gerufen. Sie erzählte davon, dass sie nichts auf den Anblick in der Wohnung hätte vorbereiten können. Zehn Tote im Alter von drei bis vierundzwanzig Jahren, drei Frauen und sieben Kinder. Alle miteinander verwandt, fast eine ganze hispanische Familie ausgelöscht. Allein die vielen Kinder, das habe sie lange nicht gepackt, sei die Bilder nicht mehr losgeworden. Der Täter hatte zwölf Schüsse aus nächster Nähe abgegeben, die Polizei fand keinerlei Kampfspuren, nichts war durchwühlt oder zerstört. Es muss wie eine Hinrichtung gewesen sein.

Wenn dir in so einer Ausnahmesituation dann jemand ein winziges Bündel in die Hand drückt, einen Säugling oder ein Kind, gibst du es nicht einfach weiter. Du bleibst dran, du musst wissen, was aus diesem Kind wird. Das ist noch einmal ein ganz anderer Ausgangspunkt als bei

»normalen« Fällen, in denen man über einen gewissen Zeitraum die Begleitung übernimmt. Weil man noch eine Aussage braucht, ein Prozess ansteht, Papierkram mit Ämtern oder eine Unterbringung außerhalb der Familie geregelt werden muss. Natürlich ist man auch da mit aller Energie dabei. Trotzdem ist es irgendwann zu Ende. Weil die Akte geschlossen ist, man sie an eine andere Abteilung weitergibt, an Kollegen, das Jugendamt. Oder weil sich in der Familie wirklich etwas zum Besseren gedreht hat. Bei einem Tötungsdelikt kann sich nichts mehr zum Besseren wenden.

Ich habe mich manchmal gefragt, warum ausgerechnet Alex. Ich hatte in meiner Zeit beim Opferschutz insgesamt fünf Tötungsdelikte, bei denen Kinder und Jugendliche »übrig« geblieben waren. Die Mütter tot, die Väter bereits in U-Haft oder dringend tatverdächtig. Alex war mein erstes Tötungsdelikt. Vielleicht hatte ich auch das Gefühl, etwas wiedergutmachen zu müssen. Weil bei dem Einsatz auf den ersten Blick so einiges schiefgelaufen war. Alex' Mutter hatte alles richtig gemacht, alles, was wir im Rahmen von Präventionsmaßnahmen immer predigen. Sie hatte sich Wochen vorher schon telefonisch beraten lassen, sich über mögliche Schritte wie eine Unterbringung im Frauenhaus informiert. Auch an jenem verdammten Abend hatte sie alles richtig gemacht. Bei der Polizei angerufen, über eine akute Bedrohungssituation berichtet, mit der Zivilstreife über das weitere Vorgehen gesprochen, alles so weit nach Lehrbuch. Nur aus der Wohnung wollte sie nicht raus. Nicht jetzt. Weil der Bub schon schläft. Warum sie dann offenbar doch die Tür geöffnet hat, ob ihr Mann einen Schlüssel hatte, von dem sie nichts erzählt hat – all diese Fragen kann niemand mehr beantworten. Die Staatsanwaltschaft nahm damals sogar Ermittlungen gegen die Polizei auf. Ob alle nötigen Sicherheitsmaßnahmen getroffen worden waren und, wenn nicht, ob den Beamten vor Ort eine Mitschuld am Tod von Alex' Mutter nachgewiesen werden könne. Dann hätte man gegen sie wegen des Verdachts der fahrlässigen Tötung ermitteln müssen. Dazu kam es nicht, dennoch waren die Schlagzeilen in den Zeitungen geprägt von der Frage, warum das passieren konnte. Alex hat unmittelbar nach der Tat ja auch jeden, der eine Uniform trug, als Mitschuldigen gesehen. Wenn wir heute manchmal darüber reden, zuckt er eher mit den Schultern. Es sei müßig, sich den Kopf darüber zu zerbrechen. Sein Vater habe den Braten einfach gerochen, der sei wie ein Straßenköter gewesen. Es spiele keine Rolle, man gewinne keine neuen Erkenntnisse, auch wenn man immer wieder alles durchspiele, man müsse damit leben. Punkt.

Ich bin froh, dass er das heute mit dieser Distanz sehen kann. Was mich angeht, kann ich nicht genau sagen, was mich damals bewogen hat, Alex zu mir zu nehmen. Es war wohl ein Zusammenspiel aus mehreren Dingen. Es war für mich der erste Fall dieser Art, das Gefühl, eine Verantwortung zu tragen, die gemeinsame Zeit, die wir miteinander verbracht hatten und in der wir einen guten Draht zueinander entwickelt hatten. Aber ohne den Schubs des Betreuers vom Jugendamt, ohne Alex' klaren Wunsch, bei so einem wie dem Polizisten leben zu wollen, wäre ich vermutlich nicht zu meinem ersten Sohn gekommen.

Bei meinem zweiten war das anders. Da haben Alex und ich genau so einen Moment erlebt wie Joanne. Ein Kind wird einem im Wortsinn übergeben. Joanne meinte nur: »Ich konnte nicht anders, ich wusste, dass diese Verbindung nicht mehr abreißen würde. Auch wenn ich mir nicht vorstellen konnte, dass wir einmal Mutter und Tochter sein würden.«

Die Zeit, in der die Bilder gekommen waren, sei schwierig gewesen. Die Frau mit dem Löffel Brei in der Hand. Das Bewusstsein, dass ihre Mutter sie nie wieder füttern würde, habe stellvertretend für den Schmerz gestanden, den Christina bis dahin nie in Worte fassen hatte können. Jahrelang habe sie regelrecht besessen alles recherchiert, was sie über das Palmsonntagsmassaker finden konnte. Immer wieder habe sie nach Details gefragt, wer wo gesessen oder gelegen hatte, in welcher Position. Vor allem aber habe sie wissen wollen, wo man sie gefunden und warum ausgerechnet sie überlebt habe. Die Frage nach der Schuld, über die auch wir zu Hause oft geredet haben.

Wann bei dem Kleinen die Bilder kommen, weiß ich nicht. Christina hatte von ihrer Geschichte durch einen Zufall erfahren, in der Schule. Das war auch eine Art Déjà-vu. Nach einem Zeitungsartikel über mich war der Kleine von Mitschülern und Lehrern angesprochen worden, dass ich ja offenbar nicht sein leiblicher Vater sei. Ich hatte damals ganz bewusst nur die Schulleitung über seine Geschichte und die Adoption informiert, weil ich wollte, dass man ihm ganz neutral und offen begegnet. Für ihn war das eine blöde Situation, die ich überhaupt nicht auf dem Schirm hatte, als ich das Interview gab.

Bei Alex war das anders, er war älter und ist immer offen mit seiner Geschichte umgegangen. Hier war ich froh, dass sich die Nachfragen eher um das Thema Adoption drehten denn um das Schicksal des Jungen. Die Klassenleiterin hat das am Tag nach der Veröffentlichung des Artikels gleich aufgegriffen und über »andere« Familienmodelle gesprochen. Mir war es wichtig, dass er nicht das Gefühl hatte, sich für irgendetwas rechtfertigen zu müssen. Wir drei hatten uns gefunden, als Familie, wir mussten zusammenhalten, egal was andere darüber dachten. Je offener man selbst damit umgeht, umso sicherer und selbstverständlicher werden es auch die Kinder tun.

Es geht einmal mehr darum, bei sich zu sein, zu seinen Entscheidungen zu stehen. Wenn ich mir manchmal Diskussionen darüber anhöre, was und wie Familie zu sein hat, geht mir das Messer in der Tasche auf. Wenn die Kirche oder Traditionalisten vom Niedergang der Moral reden und vom Untergang des Abendlandes, nur weil es um die Frage geht, ob Homosexuelle Kinder adoptieren dürfen oder nicht. Da geht es um einen Menschen, dem ein Zuhause gegeben, dem geholfen wird! Aber man arbeitet sich an der Frage ab, ob zwei Mütter oder zwei Väter das wirklich können – das ist in meinen Augen erbärmlich.

Ich denke manchmal, wenn wir unser Klischeedenken nur ein bisschen aufweichen würden, könnten wir so viel von dem auffangen, was in unserer Gesellschaft schiefläuft. Wenn wir lernen würden, mehr auf das Einfache zu schauen: Menschlichkeit heißt für mich, den Menschen zu sehen, in dem, wie er ist, und in dem, was er braucht.

Und sich dann die Frage zu stellen, welches Netz ihn auffangen kann. Es kann nicht darum gehen, jemanden so zurechtzubiegen, dass er unseren Vorstellungen entspricht. Schubladendenken hat immer auch etwas mit Angst zu tun; davor, anzuecken, vor dem Gerede der Leute, vor allem Möglichen. Ich bin jemand, der sich darum nicht schert. Obwohl oder vielleicht weil ich oft an Weggabelungen stand und einen Pfad eingeschlagen habe, über den andere den Kopf geschüttelt haben.

Joanne hat, was das angeht, ebenfalls ähnliche Erfahrungen gemacht. Während unseres Gesprächs wollte sie wissen, ob mich auch alle für verrückt erklärt hätten, erst ein Kind und dann noch eines mit so einer Geschichte anzunehmen. Alle hätten ihr abgeraten, nur ihr Mann nicht. Die wenigsten hätten ihren jahrelangen Einsatz für das Mädchen nachvollziehen können. Als ich wissen wollte, wie sie damit umgegangen sei, sagte sie nur: »Nun ... ich bin eine Bauchentscheiderin.«

# Per aspera ad astra

Das Treffen mit Joanne hing mir den ganzen Tag nach. Obwohl der Nachmittag angefüllt war mit unzähligen Eindrücken. Wir waren mit einem Polizeiboot auf dem Hudson River zur Freiheitsstatue gefahren, die fast hundert Meter hoch in den Himmel ragt. Die Kollegen schipperten uns kreuz und quer durch die Bay und unter der Brooklyn Bridge hindurch über den East River. Es war eine beeindruckende Tour, aber ich war nicht ganz bei der Sache.

Gegen Abend waren wir zurück im Hotel. Von unserem Zimmer aus konnte man sehen, wie sich in der Stadt der »Schichtwechsel« vollzog. Morgens, ab halb sechs, strömen die Leute wie die Ameisen aus den U-Bahn-Schächten auf die Straße. Alles voll mit Anzug- und Kostümträgern, dazwischen die Touristen. Am Abend leert sich alles innerhalb kurzer Zeit, fast wie auf Knopfdruck. Und dann dauert es nicht mehr lange, »bis die Ratten aus ihren Löchern kommen«, wie der Officer im Kontrollraum des Police Department es ausgedrückt hatte.

Nach dem Essen war einer nach dem anderen ins Bett verschwunden. Ich saß bei einem Whiskey zusammen mit Harrys Mutter Erika in der Lobby und ließ den Vormittag noch einmal Revue passieren. Abgesehen von unseren ganz persönlichen Geschichten hatten Joanne und ich lange über die Arbeit geredet. Ihr Kommissariat ist »am Bürger« dran, allerdings eher so wie bei uns die Schutzpolizisten. Sie sind Ansprechpartner, übernehmen auch Präventionsaufgaben. Sie gehen an Schulen, halten Vorträge oder geben Antiaggressionskurse. Für längerfristigen Opferschutz im Sinne einer Begleitung, wie wir ihn mit dem K 314 – das heute K 105 heißt – ins Leben gerufen haben, sind sie nicht zuständig. Zu starr seien die Hierarchien, zu sehr sei jeder auf »seinen« Bereich fixiert. Nach Abschluss der klassischen Polizeiarbeit würde der Fall an entsprechende Ämter oder Fürsorgestellen delegiert.

Von einem Projekt wie dem Weitblick habe sie in den USA noch nie gehört. Es sei faszinierend, was wir auf die Beine gestellt hätten, aber selbst in New York wäre so etwas wohl nicht möglich. Schuster, bleib bei deinem Leisten. Joanne wollte wissen, wie wir den Spagat zwischen Polizist und Betreuer hinbekommen, wenn einer unserer Jungs Mist baut. Eine Frage, die wir immer wieder beantworten müssen – eben weil wir als Betreuer eine gewisse Schweigepflicht, als Polizisten aber die Pflicht zur Verfolgung einer Straftat haben. Wenn einer bei uns im Haus dealen würde, müssten wir natürlich dagegen vorgehen. Die meisten anderen Probleme lassen sich lösen – wenn man sie als Chance sieht, sich mit den Jugendlichen auseinanderzusetzen. Don Bosco hat nach dem Leitsatz gehandelt: Zerbrochene Scheiben sind mir lieber als zerbrochene Herzen. Außerdem wissen die Jugendlichen, dass wir Polizisten sind. Im Grunde haben wir es vielleicht sogar leichter, weil ein »normaler« Betreuer erst die Polizei rufen müsste, wenn etwas passiert ist. Wir sind beides in Personalunion – und im Zweifelsfall längst vor Ort.

Bei uns gibt es im Team keine Hierarchien, es geht um Augenhöhe. Als Leiter trage ich vor allem die wirtschaftliche Verantwortung, Sigi trägt sie für den pädagogischen Bereich. Abgesehen davon sind die Übergänge fließend. Hier geht es nicht um schwarz-weiß, sondern um Dialog, Auseinandersetzen und Hinterfragen. Was unsere eigene Rolle anbelangt als auch jeden einzelnen Jugendlichen. Vielleicht ist es ein gewisser Ausgleich zu meinem Job als Polizist, bei dem der gesteckte Rahmen eher eng ist. Vielleicht will ich mir eine kleine Welt schaffen, in der nicht automatisch eine Strafe folgt, wenn etwas nicht rundläuft. Letzten Endes hat es auch im Heim Regeln gegeben, die ohne Widerrede befolgt werden mussten, die erst gar nicht hinterfragt worden sind. Dann bin ich in einen Beruf gewechselt mit militärischer Ordnung und Strenge, Ober sticht Unter, das Gesetz und die Rolle geben den Spielraum vor.

Es mag sein, dass ich deswegen beim Weitblick anders vorgehen möchte. Dass ich jeden Jugendlichen kennen möchte, nicht weil ich seine Akte auswendig gelernt habe, sondern weil ich ihn täglich erlebe. Und spätestens nach drei Wochen weiß man sowieso, wer welche Macken hat und wie tickt. Bei jedem Mitarbeiter ist die Tür offen, zu jeder Zeit. Auch das habe ich in Kalzhofen kennengelernt.

Es gibt kaum einen Tag, an dem ich morgens nicht hinüber in den Weitblick ginge. Wenn ich zur Tür hereinkomme und sehe die Ersten beim Frühstück sitzen und höre sie »Guten Morgen« rufen, dann macht mich das einfach glücklich. Oder wenn einer unserer Schützlinge sagt, dass er endlich nicht mehr abhauen müsse. Weil er hier die Chance habe, sein Leben wieder auf die Reihe zu kriegen. Dass es so schön sei, dass jemand da sei, mit dem man zu Abend essen kann, mit dem man reden und fröhlich sein kann.

Es ist manchmal so wenig, was man geben muss.

Nachdem ich schon eine ganze Weile allein in der Lobby gesessen hatte, hatte ich das Gefühl, ich muss an die Luft. Es war weit nach Mitternacht, als ich auf die Straße hinaustrat und einfach loslief. Vorbei an der St.-Paul's-Kirche, die 2001 in beinahe jedem Bericht über die Anschläge zu sehen war. Als Treffpunkt für erschöpfte Helfer, als Zufluchtsort für Angehörige, die Fotos und Suchplakate zu vermissten Menschen an die Mauer gepinnt hatten. Von dort hinüber zum hell erleuchteten Broadway mit seinen blinkenden Leuchtreklamen. Eine ganz eigene Welt.

Das nächste Mal, wenn ich wieder nach New York komme, möchte ich das im Winter tun. Irgendwann vor Weihnachten. Wenn selbst in dieser hektischen Stadt alles etwas gedämpfter ist. In diesem Jahr werden uns aber erst einmal Joanne und ihre Kollegen besuchen. Zum Oktoberfest, wann sonst.

Unsere Begegnung ist etwas ganz Besonderes gewesen. Am Ende hatte sie mir ihre Hände über den riesigen Schreibtisch entgegengestreckt, und ich habe sie nicht mehr losgelassen. Es muss etwas seltsam ausgesehen haben, wie wir so um den Schreibtisch herumeierten, bis wir auf der gleichen Seite standen. Zwischen uns war so etwas wie eine nicht ausgesprochene Offenheit. Ein Teilen von Schicksal, obwohl ich das Wort in diesem Zusammenhang nur ungern verwende. Eine Art Rückversicherung, ein Abgleichen mit jemandem, der so fühlt und denkt wie ich und diese Seite auch lebt. Egal was andere sagen, egal wie schwierig sich etwas entwickeln mag.

Alex hat sich mit Anfang zwanzig ein Tattoo stechen lassen: *Per aspera ad astra – über rauhe Pfade zu den Sternen.* Es war das Lebensmotto seiner Mutter. Jeder Weg, auch wenn er noch so steinig sein mag, führt irgendwann zum Ziel. Ich bin angekommen in dem, was ich bin, in dem, was ich tue. Aber der Weg ist noch nicht zu Ende.

# Epilog

*Es gibt so viele Ideen, die mir noch im Kopf herumgeistern. Ich würde zum Beispiel gerne noch ein Haus für Mädchen aufmachen, dann wäre das Projekt Weitblick komplett. Die Kombination Alt/Jung finde ich auch sehr spannend, ein Mehrgenerationenhaus. In unserer Gesellschaft werden ja nicht nur manche Junge abgeschoben. Mal sehen, ob daraus etwas wird. Wie auch immer, ich freue mich auf das, was die Zukunft bringt.*

Carlos Benede

Ich bin nichts Besonderes. Es gibt viele Menschen auf der Welt, die sich für andere einsetzen, und das ganz selbstverständlich. Menschen, die im Kleinen beginnen, etwas zu verändern. Manchmal ist es so, wie wenn man einen kleinen Kieselstein ins Wasser wirft. Auf einen kleinen Kreis folgt ein etwas größerer, dann noch einer und noch einer.

Menschen wie Evi Stölzle oder die Schwestern im Kinderheim, in dem ich aufgewachsen bin, haben alles im Stillen getan. Sie waren Tag und Nacht für uns da, haben uns sozial schwachen und elternlosen Kindern beigestanden. Und zwar nicht nur bis zum Erreichen der Volljährigkeit, sondern auch darüber hinaus. Sie haben uns etwas mit auf den Weg gegeben, ohne großes Aufheben darum zu machen. Mit einer Selbstverständlichkeit und einem Einsatz, den ich bewundere. Sie sind, wenn man so will, meine ganz persönlichen Heldinnen.

Ich bin dankbar, dass mich diese Frauen einen Teil meines Weges begleitet haben. Ohne sie wäre ich nicht der, der ich heute bin. Ohne sie und das, was sie für mich getan haben, hätte mein Leben einen anderen Verlauf genommen. Das, was sie mich gelehrt haben, möchte ich weitergeben. Dafür brenne ich, und das treibt mich an. Wenn ich Alex sagen höre: *Es ist eine große Zugehörigkeit zwischen uns, es ist für mich ein schönes Gefühl, dass wir über die Jahre so vieles aufgebaut haben – und es ist keineswegs so, dass ich ihm deswegen etwas schuldig wäre oder er seine Aufgabe als erfüllt sähe, als Mission, die zu Ende ist,* dann habe ich die Hoffnung, dass mir ein Stück weit gelungen ist, was ich mir vorgenommen habe. Aber es liegt nicht an mir, das zu beurteilen. Ich weiß nur, dass ich für mich sagen kann: Ich bin ein glücklicher Mensch. Ich habe zwei wunderbare Söhne, ich bin »Vater von vielen«, wie Sr. Augusta einmal über meine Jungs im Weitblick sagte. Auch wenn ich sie manchmal an die Wand klatschen und im gleichen Moment knuddeln könnte. Jeder von ihnen ist es wert, gesehen und geliebt zu werden.

## Danksagung

Nie im Leben wäre ich von allein auf die Idee gekommen, ein Buch zu schreiben. Schon gar nicht eines über mich und »mein Leben«. Das klingt viel zu groß. Es liegt mir nicht, im Scheinwerferlicht zu stehen, und wenn man sich einmal bewusst umsieht, stellt man fest: Es gibt viele »Carlos« – Menschen, die etwas tun, das für sie eigentlich selbstverständlich ist, für andere aber doch etwas Besonderes zu sein scheint.

Angefangen hat alles mit einem Journalisten, der mir fast drei Jahre lang in den Ohren gelegen hatte, ich solle ihm ein Interview geben. Über meine Arbeit, aber auch über mein Leben, das so ungewöhnlich sei. Ich weiß nicht, wie oft ich ihm und später anderen gegenüber betont habe, ich könne daran nichts Außergewöhnliches finden. Die Reaktionen auf den Artikel haben mich ehrlich überrascht. Im Weitblick gingen Anrufe und Mails ein, wie man uns und unsere Arbeit unterstützen könne. Auch Verlage meldeten sich, die aus meiner Lebensgeschichte ein Buch machen wollten. Dass es am Ende tatsächlich dazu kam, ist das Ergebnis eines langen Prozesses bei mir (soll ich oder soll ich nicht?) und des großen Engagements vieler Menschen:

Franka Zastrow von der Agentur Schlück, die das Projekt auf den Weg gebracht hat. Margit Ketterle und

Jürgen Bolz von der Verlagsgruppe Droemer Knaur, die sich auf dieses Abenteuer eingelassen und diesem Buch einen Platz in ihrem Programm gegeben haben.

Heike Gronemeier, die meine Lebensgeschichte aufgeschrieben hat. Nach unserem ersten Treffen in einer Pizzeria war mir klar, dass sie die Richtige ist. Wieder so eine Bauchentscheidung – weil sie erzählt hatte, dass sie während des Studiums für ein Jahr in einer Klosterschule in Irland gearbeitet und dort Nonnen erlebt hatte, denen nichts Menschliches fremd war, die vor dem Abendessen gerne einen Gin Tonic tranken und mit ihren Schützlingen Ski fuhren. Ich habe meine Entscheidung keine Sekunde bereut und die gemeinsame Arbeit sehr genossen.

Und schließlich »meinen Nonnen«, vor allem Sr. Augusta, Sr. Digna und Sr. Angelia, die inzwischen nicht mehr im Dienst sind, sondern im Stift St. Clara nahe dem Mutterhaus in Dillingen leben. Ohne ihre Erinnerungen, ohne die Zeit, die sie sich für Interviews genommen haben, wäre vieles unvollständig. Sr. Angelia ist im November 2014 überraschend verstorben. Die Gedanken an sie haben mich und Heike Gronemeier bei unserem Rundgang durch Kalzhofen wenige Tage später begleitet.

Danken möchte ich auch Sr. Gudrun, der jetzigen Oberin und Leiterin des Kinderheims, die sich die Zeit genommen hat, uns – mitten in einer Umbauphase – durch die Gebäude zu führen und sich auf die Suche nach der Chronik des Hauses, nach Bildern und Dokumenten gemacht hat.

Der Familie Fracasso vom »Roma« in Dachau, wo wir während der Arbeit an diesem Buch immer wieder unser »Büro« aufschlagen konnten, bei Nudeln, Pizza und so manchem Weißbier. Danke für alles, was ihr als Freunde nicht nur für mich und meine Familie, sondern auch für den Weitblick getan habt.

Großer Dank gebührt den Gründungsmitgliedern vom Weitblick-Jugendhilfe e. V. Vor allem Siegfried Hofer, Harry Frießner, Denisa und Sascha Schön; ich bin stolz, euch zu meinen besten Freunden zählen zu dürfen.

Außerdem all meinen Mitarbeitern vom Weitblick, ohne die ich meine Vorstellungen nicht hätte umsetzen und die Einrichtung nicht halten könnte.

Meinem Chef, dem Leitenden Kriminaldirektor Harald Pickert, der mich in allem immer unterstützt hat und für mich ein Vorbild in Sachen Personalführung ist.

Unserem Polizeipräsidenten Hubertus Andrä, der sich nicht zu fein war, zusammen mit Harald Pickert unsere Einrichtung zu besuchen und sich vor Ort zu informieren, was die Kollegen so auf den Weg gebracht haben. Sein Interesse und die Zeit, die er sich für uns genommen hat, waren für uns alle eine große Ehre.

Meiner lieben Kollegin Karin Dobner, die mir bei der Bildauswahl für das Cover dieses Buch geholfen hat und einfach eine tolle Kollegin ist.

Und last, but not least: Danke an meine beiden Jungs. Dafür, dass es euch gibt, und dafür, dass wir eine Familie geworden sind. Mit euch hat sich ein Kreis geschlossen.

Louise Jacobs
# **Fräulein Jacobs funktioniert nicht**
## Als ich aufhörte, gut zu sein

Louise Jacobs kommt aus gutem Haus und hat alles, wovon man nur träumen kann. Doch sie scheitert an den in sie gesetzten Erwartungen und an den Ansprüchen an sich selbst. Wie aus dem Erwachsenwerden ein Alptraum wird, erzählt sie in ihrem sehr persönlichen Buch.
Die authentische Geschichte einer jungen Frau, die sich aus ihren Zwängen befreit.

>»Louise Jacobs gelingen in ihrer
>Autobiographie Sätze wie Pistolenschüsse,
>die ins Herz treffen.«
>
>*Frau im Spiegel*

Bernhard Albrecht
# Patient meines Lebens
Von Ärzten, die alles wagen

Wer wünscht ihn sich nicht: einen Arzt, der alles, wirklich alles daransetzt, um einen vor lebenslanger Krankheit oder dem sicher geglaubten Tod zu bewahren?
Der Mediziner und preisgekrönte Wissenschaftsjournalist Bernhard Albrecht zeigt, wozu die Medizin schon heute imstande wäre, wenn jeder Patient einen Arzt fände, der sich mit aller Leidenschaft für ihn einsetzt.

»Beste Medizingeschichte.«
*Deutschlandradio Kultur*

Malala Yousafzai und Christina Lamb

# Ich bin Malala

Das Mädchen, das die Taliban erschießen wollten, weil es für das Recht auf Bildung kämpft

Mit einem aktuellen Vorwort der Autorin

Am 9. Oktober 2012 wird die damals fünfzehnjährige pakistanische Schülerin Malala Yousafzai von Taliban-Kämpfern brutal niedergeschossen. Sie hatte sich dem Verbot der radikalen Islamisten widersetzt und war weiterhin zur Schule gegangen. Eine Kugel traf Malala aus nächster Nähe in den Kopf, doch wie durch ein Wunder kam das mutige Mädchen mit dem Leben davon – und hat erneut den Taliban den Kampf angesagt.

»Bewegend erzählt Malala Yousafzai
ihr Schicksal.«

*Brigitte*